经典亲子游戏案例新编

杨敏毅 陈蔚 著

上海科学普及出版社

.... 前言

家庭教育是以亲子关系为中心的教育,亲子关系是否和谐,直接关系到家庭的幸福与稳固。心理学研究表明:在12岁之前一个孩子能否与父母建立起亲密的依恋关系,关系到他是否拥有安全感和幸福感。亲子关系作为人生中第一重要的人际关系,不仅直接影响孩子的身心健康,而且还会影响孩子的学习成效和品格养成。

在心理游戏中,孩子可以积极地、自由地、愉悦地参与并表达真实的感受,显现出未被激发的潜能,所以,心理游戏是孩子们非常喜欢并乐意投入的活动。通过亲子游戏的参与,可以让家长们观察孩子的行为、理解孩子的需求、欣赏孩子的能力,同时也能让家长发现和反思家庭教育中的得失。本书在每个游戏案例中,增加了"家长感言"环节,让读者了解参与游戏后家长们的收获。

心理学家普遍认为,良好的亲子关系至少包含五个方面的内容:相互理解、相互尊重、相互信任、相互帮助和相互学习。心理游戏结合一定的心理训练和辅导,对提升孩子的心理素质和综合能力具有特别重要的意义。我们在经典传统游戏中,注入了亲子游戏的内容,让家长能够在回忆童年体验的同时,觉察孩子的心情,更好地理解和接受孩子的情感世界，培养对孩子更加实际、包容的态度和看法，达到尊重、信任与帮助孩子的目的。

在亲子游戏设计中分两种情况，一种是在一个家庭内进行的，另一种是由多个家庭共同参与的。后者更具新颖性和挑战性，因为这样的活动方式为家长和孩子们提供了良好的社会活动空间，创造了一种互信、互助、温暖的团体气氛，使参与者可以以他人为镜，反省自己，在互相支持、集思广益的基础上，学习新的处事态度和行为方式，获得榜样力量的激励。

父母在心理游戏体验中表现出真实而热切的兴趣，能传达对孩子世界的接纳，为孩子营造一个稳定且可预见性的、有安全感的氛围。父母肯定并鼓励孩子的努力，能帮助孩子形成一种内在的控制力，从而成为有主见和能负责的人。亲子心理游戏能增进家庭中温暖和信任的感觉，巩固和谐亲子关系，并推动孩子的自我成长。

本书共分四章：第一章"感受艺术之美　陶冶孩子情操"，通过各种与艺术相关的亲子游戏，提高孩子对自然美、生活美和艺术美的感受。第二章"体验运动之美　提升孩子体能"，通过身体的挑战、毅力的培养、品格的发展，为孩子提供大量的"生长维生素"。第三章"领悟合作之美　增强孩子技能"，通过游戏增强亲子间的交流，让分享促进情感的内化，并满足孩子自我实现的需要。第四章"探索创新之美　激发孩子潜能"，通过体验游戏中创造性任务的完成，让孩子在感受艰辛的同时，收获成功的快乐。

在每个游戏案例设计中，我们都列有"游戏名称""精句共读""游戏目的""游戏准备""游戏步骤""精彩片段""游戏提示""家长感言""专家评析"9个环节，让读者可以很好地理解游戏目的、掌握游戏操作、领悟游戏意义。也可以通过"家长感言"环节，获得游戏体验带给孩子与家长的感悟。

本书具有以下特点：

1. 富有新意的尝试。化经典为通俗，我们在"新"字上有所思考：我们精选了40个传统的经典游戏进行探索，在原有活动的基础上，做了两大方面的创新。第一，将经典游戏运用到亲子活动中，开启了经典游戏在家庭教育形式上的创新。第二，在经典游戏的活动目标中注入了心理学引导，设立"专家评析"环节，强化经典游戏在和谐亲子关系上的作用。

2. 富有能量的体验。在经典游戏中注入新形式、新内涵，让经典游戏融合当下的时代特色，让孩子们乐于接受并陶醉其中，使学校的教育思想和家长的引导意图完美融入其中。在亲子活动过程中，不论是游戏体验还是活动竞争，都充满着积极向上的正能量，让孩子与家长在活动中体验，在体验中感悟，在感悟中共成长。

3. 富有实力的团队。杨敏毅是上海市心理特级教师、正高级教师，具有丰富的游戏设计能力和活动实践经验。从2005年开始，其分别出版了《团体心理游戏教程与案例》《心理游戏设计与案例》《中学班级团体心理辅导60例》《团体心理游戏案例精编》等心理游戏类专著。陈蔚是杭州市心理高级教师，浙江省心理健康教育先进个人。浙江省中小学心理健康教育A证教师，杭州市青春健康教育培训师，杭州市家庭教育培训师。曾获全国新生代魅力班主任大赛特等奖，是一位非常出色的培训师和心理活动带领者。两位老师通力合作所撰写的本书，对教育工作者、心理工作者和家长们来说，具有很高的参考价值和实用的指导作用。

4. 富有特色的插图。本书设计的亲子游戏，适合对象以小学生、初中生及家长为主。所以，我们在每个游戏案例的最后都附上一幅出自中学生之手的配图，配图采用学生们喜爱的动漫风格，通过图文并茂的方式表达游戏主题，增加阅读趣味。

这是一本汇集心理特级教师、心理学科带头人思考与经验的创新之作，充分体现了亲子游戏的趣味性和寓意性，能够对游戏活动进行指导与示范，值得广大教师与家长们借鉴参考。由上海科学普及出版社出版的《经典亲子游戏案例新编》《团体心理游戏案例精编》《班级心育活动案例精编》三本书构成了杨敏毅等所著的"团体心理游戏案例"系列丛书。

最后我要衷心感谢上海科学普及出版社蒋惠雍社长的热情指导，以及责任编辑的辛勤付出，同时也要感谢家人的理解支持。

杨敏毅
2022年7月

目录

第一章　感受艺术之美　陶冶孩子情操

游戏1　魅力手影　/3
游戏2　树叶秀图　/8
游戏3　瓢盆奏乐　/13
游戏4　纸伞创意　/18
游戏5　别样花绳　/23
游戏6　折纸飞机　/28
游戏7　手编蒲扇　/34
游戏8　漂流心愿　/39
游戏9　百草争强　/45
游戏10　选石作画　/50

第二章　体验运动之美　提升孩子体能

游戏1　圆球传接　/57
游戏2　头顶气球　/62
游戏3　同心共筑　/67
游戏4　跳格子房　/72
游戏5　四足奔跑　/77
游戏6　绸带系臂　/82
游戏7　脚斗勇士　/87

游戏8　击中目标　/92
游戏9　腿编花篮　/97
游戏10　争座夺位　/102

第三章　领悟合作之美　增强孩子技能

游戏1　蜗牛赛行　/109
游戏2　人体推车　/114
游戏3　神奇传送　/119
游戏4　蒙眼前行　/124
游戏5　站点接龙　/129
游戏6　心知肚明　/134
游戏7　球吊纸杯　/139
游戏8　巧探地雷　/144
游戏9　爬竿争上　/150
游戏10　速滚铁环　/156

第四章　探索创新之美　激发孩子潜能

游戏1　做木头人　/163
游戏2　挑游戏棒　/168
游戏3　花样踢毽　/174
游戏4　上抛下抓　/179
游戏5　智丢手绢　/185
游戏6　合吹气球　/190
游戏7　寻找宝藏　/195
游戏8　抽转陀螺　/200
游戏9　官兵捉贼　/205
游戏10　巧跳皮筋　/210

第一章　感受艺术之美
　　　　陶冶孩子情操

每个儿童都有审美的潜能,这种潜能一旦被唤醒,在相应的培养之后,能被塑造为更高层次的审美情趣和生命意境。本章通过介绍各种与艺术相关的亲子游戏,提高孩子对自然美、生活美和艺术美的感受。在活动中,通过被赏识、被肯定、被需要,树立孩子的自信心;通过手、眼、脑并用的过程,提高孩子的身体协调能力;通过交流、编创、竞技,唤醒孩子对美的渴望。

 游戏1　魅力手影

精句共读：陪伴孩子成长的过程，需要父母不断学习和提升。在孩子的表现中，我们可以看到父母自身的优势与局限，也让我们感受到付出关爱后的幸福。

1. 通过观察各种物体的影子，感知物体与影子之间的关系。
2. 在活动中，通过手部的不断变化，感受光影的神奇特点。
3. 通过与家人的合作和现编故事，提高孩子的想象力和表现力。

1. 活动适合在室内进行，活动时间建议为晚上。
2. 准备一个小台灯或者小手电。

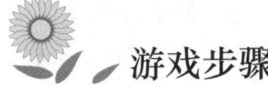

1. 亲子之间设定活动方式。

每个家庭成员用自己的手进行自由组合，通过灯光投射到墙面上，呈现自己想要组成的图案，并能讲述图案的名称和各个组成部分，最后一家人用手影共同组成温馨和谐的画面，拍照留念。

2.活动过程。

（1）每个家庭成员展示自己设计的两个手影。

（2）两两组合进行手影对话。

（3）一家人共同组合手影画面，拍照留存。

3.收集各个家庭活动的过程和感悟。

精彩片段

本案例共收集到8个家庭的活动过程，选择其中3个家庭的活动进行展示，以供参考。

1号家庭妈妈：

我家孩子8岁，刚上一年级，之前玩过类似的游戏，但是没有一家人共同参与游戏的经历。接到任务后，我们共同商量了活动的时间，因为考虑到活动时间可以稍微长一点，所以就选择在周末进行。周六吃过晚饭后，我们就开始布置场地，选择的场地是书房，因为书房内刚好有一盏聚光灯。我们把窗帘拉上，把门关好，孩子的爸爸就开始选角度，把聚光灯的光线投到了一面没有任何装饰的墙上，调试到合适距离后，我们的游戏就开始了。儿子有点兴奋，他要第一个做，结果他光顾着手舞足蹈，问他做了什么，他却说不上来。于是，我们按照活动要求，每个人第一次要准备好两个手影图案，谁先想好谁就展示。这次，我是第一个展示，我展示的是小时候玩得最多的"狗头"的手影，我还把"狗狗"的嘴巴动了动，对着前方"汪汪"叫了两声，儿子觉得非常新奇。于是，他学着我的样子，也做了"狗狗"的手影。我们规定不能重复他人的造型，儿子调皮地说，你是"大狗狗"，我是"小狗狗"，不一样的。看着儿子高兴的样子，我们暂且让他通过了，但是要求他下一次一定要想好自己的图案。在这一轮中，孩子爸爸做了一只"小白兔"，非常可爱。新一轮开始了，我做了"鸭子"的图案，儿子在我们的启发下，把两只手手心朝内展开，做了一个大鹏展翅的图案，他把这个图案命名为"雄鹰"。这时孩子爸爸觉得我们做的都是动物，认为可以做人像，于是他琢磨了一下之后，展示了一个人的头像。我们左看右看，觉得这个头像怎么看都像是黑人，爸爸索性就说自己做了一个"黑人"头像。每个人的两个图案都展示好了，现在轮到两两组合对话了。先是我和儿子，我们就用"大狗"对"小狗"说话，我趁机把平时要儿子多吃蔬菜的教导说了一遍，"小狗"听到后，一会儿点头，一会儿摇头。因为是活动，所以我们鼓励孩子说出自己的真心话，"小狗"说：狗狗"就是喜欢吃肉的。惹得他爸爸哈哈大笑，一家人沉浸在快乐中。后面的对话和编故事，我们也是按照每个人的手影图案特点进行，不知不觉中就过了一个小时，我们都觉得这个活动非常有意义。

2号家庭爸爸：
我们家玩"魅力手影"的光源用的是手电筒，是为这个活动特意购买的。我们选择的场地是客厅，拉上窗帘，关上灯后，把手电筒固定在移动的衣架上，然后对着客厅的大墙。10岁的女儿很快就想好了两个手影图案，一个是她自己的生肖兔子，一个是她喜欢的动物天鹅。看到女儿做自己的生肖图案，我和她妈妈也分别展示了我们的生肖图案——猴子和牛。然后我又展示了一个戴着帽子的绅士，妈妈展示了一只坐着的小猪。简单的两两对话后，我们把重头戏放在了最后，因为女儿的语文学习中有看图写话的内容，于是我们就想趁这个机会与孩子一起锻炼一下这方面的能力。我们三个人各自选择了一个图案，女儿第一个展示，她展示的是一只天鹅，她说："在很远很远的地方，有一个湖，湖内的水清澈见底，一只美丽的天鹅在湖里自由地游玩。"这时候妈妈出现了，她也做了一只天鹅，然后慢慢地靠近女儿，一边移动一边说："天鹅妈妈看见小天鹅在湖中间玩，于是就向它游过去，想和小天鹅一起说说话。"我看到这个画面，就展示了一张"人脸"，悄悄地走到了湖边，远远地看着湖中的两只天鹅，然后动了动"人脸"的嘴巴，说道："哇！我看到了两只美丽的黑天鹅，它们的羽毛，多么像黑色的绸缎，它们的脖颈这么优雅！"听到赞美声，妈妈展示的"天鹅"把脸往下埋进了身体。女儿看到后，也把自己展示的"小天鹅"的脸往下埋进身体。活动结束，我们和女儿一起把刚才的情景复述了一次，给这个画面定了一个主题《人与天鹅》。女儿把我们的活动写进了作文，获得了老师的好评。

3号家庭妈妈：
我们家玩"魅力手影"的光源是蜡烛，因为蜡烛照明时产生的光线聚光不够,所以我们就用硬纸板把蜡烛的一部分光线挡住,只留了前面部分,这样的效果也不错。因为是蜡烛,11岁的女儿把灯一关,马上说:"这个情景太浪漫了!"还建议打开音乐。在悦耳的轻音乐中,我们开始了手影作品的展示。每个人分别展示了自己擅长的手影,还把自己做手影的方式传授给其他两个人。很快,我们每个人都掌握了六个手影的图案。女儿觉得我们展示的图案都比较简单,于是就想到了可以靠两个人、四只手合作展示,这样应该会更加丰富多彩。于是就去查资料,现学现卖。很快,女儿和爸爸就想到了一个组合,他们一人站一边,然后伸出自己的手,有的时候是一人一只手,组成简单的几何图形,有的时候是三只手,组成一个小玩具。最后他们用四只手组成了"爱心",我乘机在"爱心"的中间再比一个"爱心",配上音乐,一幅温馨的家庭组合手影画展现在墙上,这个活动在满满的爱意中结束。

游戏提示

1. 此游戏适合8～12岁孩子的家庭。

2. 游戏场景可以根据各自家庭的实际情况确定,光源的选择也可以多样,但是尽量用有聚光效果的光源。

3. 在活动过程中,如果孩子比较小,建议可以从最简单的图形展示开始,然后慢慢地增加难度。

家长感言

- 我们一家人都觉得这个游戏太有意思了。10岁的儿子在和我们玩的过程中表现得特别好学,看到我们做出的影子图案,他都要求我们先拍照记录,然后他再学着我们的样子去展示。如果没有做好,他会一遍一遍地调整,直到做得满意为止,我们都被他这种好学的精神所感动。在搜肠刮肚地想出了一些图案后,实在想不出,我们就用命题的方式尝试着去做。只要现实生活中有的东西,我们就去模仿,结果一个晚上一家人共研究出了20多种手影图案。儿子还兴奋地拉着我们连续展示了好几个晚上。这个活动增进了我们一家人之间的情感交流,也成了我们家睡前的亲子小游戏。

- 我家儿子的表达能力不是很好，虽然已经10岁了，但平时他与我们交流，一般只是说是或者不是。利用这个活动，我们有意训练孩子的表达意识和能力。一开始，是我们做好手影图案由他描述画面情景。后来，我们鼓励他自己做手影，然后表达自己所做手影的特点。最后，我们还让他与我们一起配合，特别是在对话阶段，我们就不断用手影引导他表达。因为有了情景，他慢慢地也能表达出自己的想法了。我们觉得这个活动对孩子的语言表达能力的培养很有好处，孩子也对这个游戏比较感兴趣，我们决定今后还要用这个方式训练孩子的表达能力。

- 我和孩子爸爸觉得这个游戏最大的亮点是给孩子增加了很多写作的素材。自从我们玩了这个游戏后，发现女儿的作文中多了很多我们一起互动的情景。之前，女儿的作文写得枯燥、不生动。在游戏进行中，我们有意加入一些好的词语或者语句进行表述，有时还加入一些诗句。这样的熏陶过程，让女儿印象深刻。在她的作文中，不知不觉地运用了这些好词好句。有时，我们还会给画面定主题，这也锻炼了孩子的概括能力。总之，我觉得这个活动对女儿还是帮助很大的。后来，我发现女儿还把自己掌握的手影图案教给她的同学，也收获了友谊。

专家评析

"魅力手影"游戏在过去物质匮乏的年代深受孩子们的喜爱，因为不需要很多道具，只要有光源和背景，游戏随时可进行。可以多个孩子一起玩，在互相学习，互相启示中开发能力，收获友谊。把这个游戏作为亲子活动，可以更好地发挥出它的优点。除了让孩子体会到光和影的变化特点，还可以用手影展示自己内心的想法。近年来，也有人用手影作为创造性的节目展示，探索出很多有趣的表演情景。一双普通的手居然能变幻出那么多种图案场景，这对一个人思维的发展和想象力的激发非常有帮助，建议家长们可以从孩子上幼儿园大班开始，就分阶段地开展这个活动。

游戏2　树叶秀图

精句共读：良好的家庭教育是一种平等的、双向互动的教育。在平等的前提下，可以是家长指引孩子的教育，也可以是孩子纠正家长的教育，还可以是"和平探讨"出"真理"的共同进步的教育。

游戏目标

1. 引导孩子发现美、创造美、感受美，陶冶孩子的情操，激发孩子热爱大自然的情感。
2. 培养孩子的家庭意识和团结合作意识。

游戏准备

1. 本游戏适合在室内外举行，室外采集，室内创作，总活动时间约60分钟。
2. 建议选择在春秋季的野外活动基地进行。

游戏步骤

1. 以家庭为单位，讨论家庭创意图。

2. 由家长带领孩子到野外采集需要的树叶（花草也可以）。

3. 在室内地板上完成家庭创意图，然后分组交流各个家庭创意图的构思和寓意，并拍照留念。

4. 每个家庭把自己家庭的所用材料与其他家庭的材料进行整合，完成一幅大型的"树叶秀"作品，分享感悟。

5. 活动总结。

精彩片段

本次游戏共邀请了5组家庭参与，分为1～5号家庭。

活动带领者上场，介绍游戏规则。

所有家庭的成员们，大家好！欢迎来到美丽的乡村，今天我们将在这里就地取材，创造出大地的艺术，活动的名称为"树叶秀"。游戏规则很简单：我们先以家庭为单位，共同讨论出想要创作的"树叶"图案，例如，"多样的动物世界""美丽的秋天"等。每个家庭可以根据自己的想象进行创造，也可以一会儿边采集树叶边思考。在家庭作品完成的基础上，再进行由所有孩子联合完成的"树叶秀"大作品。

现在，请各位家长带着孩子到户外采集需要的树叶，如果你们觉得需要花草，也可以采集，15分钟之内回到现在的场地。

所有家庭成员按时回到了规定的场地，每个家庭都开始了"树叶秀"作品的创作。1号家庭选择了最左边的场地，三个人围在一起开始创作。看到他们把树叶一片一片从树枝上摘下来，然后整齐地排列着，不知道是做什么，但是看到他们一家人都胸有成竹地忙着，相信他们肯定会做出有创意的作品。3号家庭带回来的几乎都是落叶，最多的是黄色的银杏叶，还有褐色的梧桐树叶，还有一些叫不出名字的树叶。3号家庭的孩子在不断地设计中，爸爸妈妈根据他的指挥把树叶放到指定的位置。4号家庭不仅采集了树叶，还有一些不知名的野草和颜色艳丽的小花，从色彩上看，4号家庭的素材色彩是最丰富的。5号家庭采摘的都是绿色的树叶，看着就感觉充满着生机。期待15分钟之后每个家庭的作品都能惊艳亮相。

现在，每个家庭都已经完成了"树叶秀"作品，接下来请各个家庭的孩子分享一下你们的创造灵感和图案的寓意。

3号家庭的孩子首先举手,他说:"我们收集的树叶大部分都是银杏叶,因为我们觉得这个树叶的形状特别好看,而且现在的颜色已经变成黄色了,所以我们决定用这些银杏叶编成一条美丽的公主裙。现在我们的作品已经大功告成,这就是我们一家人设计的'公主裙'。这条裙子的主要材料是银杏叶子,我们在裙子上加入了其他的树叶作为点缀,如在裙子的吊带上放了绿色的冬青树叶,就像一个蝴蝶结,为这条裙子增色不少。在这里,特别要感谢我的妈妈,主要是她设计了样式,我和爸爸只是负责把这些树叶放到需要的地方,看到我们共同完成的作品,我觉得非常有成就感。"

5号家庭的孩子说:"我们的家庭创意图是'动物世界'。当时和爸爸妈妈来到野外的时候,发现自然界的树叶竟然是如此多样化,大的、小的、圆的、椭圆的、扇形的、长条的,而且有不同的颜色,虽然当时没有想好要做什么,就是把每一种树叶先捡回来再说。当我们坐下后,因为觉得要把这么多样的树叶全部用上,所以就想到了做动物。最开始我们用树叶拼的动物是每个人的生肖,想把主题定为'一家人',后来发现还有很多树叶,于是又多了其他的动物,最后我们就把这个创意图命名为'动物世界'了。"

其他家庭的孩子也纷纷进行了交流。每个家庭在介绍结束后,都与创意图拍了合影。

活动带领者在所有家庭拍好照片后,告诉大家说,现在让所有孩子一起合作完成一幅"树叶秀"的大作品,作品的位置就在场地的中间。材料是各个家庭采集的树叶,家长们围成一个圆圈,坐在地板上,做作品创作过程的见证者,中间的位置让孩子大显身手。5个孩子听到命令后就马上忙开了,但是他们没有目标,也不知道做什么。这时4号家庭的孩子对小伙伴们说:"大家先不要急,我们先看看各个家庭图案中的材料,然后再想想可以做什么。"其他孩子听后觉得有道理,于是他们立刻察看各个家庭的材料,觉得既然留给他们的场地是圆的,而且黄色的银杏叶很多,是不是可以做一个圆圆的太阳。说做就做,他们用银杏叶围成了一个圆,然后把其他树叶作为太阳的光芒摆放好。5号家庭的孩子在银杏叶围成的圆圈内贴上了眼睛、鼻子和嘴巴。远远一看,一个满脸微笑的"太阳公公"创作完成了。2号家庭孩子拿出银杏叶,两叶相对拼成了蝴蝶,一会儿几只"蝴蝶"在阳光下翩翩起舞了。3号家庭孩子又把4张银杏叶组成了"四小天鹅"的芭蕾舞造型,真是栩栩如生。1号家庭与5号家庭的孩子拿细细的柳树叶摆出了一片绿色草地。草地、阳光、蝴蝶、芭蕾舞者,构成了一幅美丽而动人的作品。孩子们的脸上洋溢着充满成就感的快乐笑容。

看到孩子们的出色表现，家长们对孩子的创意赞叹不已。待孩子们坐到他们身边的时候，大家仿佛置身于一个美丽的童话世界之中。

待所有家庭的成员分享了自己的想法后，大家不由分说地坐在了"太阳"一侧，让活动带领者帮忙拍下了这一非常值得纪念的画面。

活动带领者小结：今天的游戏让我感触颇深，如果说之前每个家庭的创意是一次思想的碰撞，那最后孩子们的表现，真是一种艺术的升华。我注意到，有的家长在面对孩子的独立创作时，开始显得有点担心，想给他们建议，甚至想给他们帮忙。在生活中，我们很多家长确实会过多地干预孩子们的选择和决定，其实家长不必过多担心孩子的能力，只要给孩子们一缕阳光，相信他们就能创造出一路灿烂。

游戏提示

1. 此游戏适合6～12岁孩子的家庭。

2. 在游戏过程中，提醒家长可以让孩子收集各种树叶花草，但是尽量不要带着枝条和泥土，注意保持场地的整洁。

3. 在家庭创意画的创作过程中，如果家长与孩子之间出现分歧，建议家长多尊重孩子的想法，多启发孩子的思维。

4. 孩子在分享家庭作品的时候，无论孩子分享得是否精彩，家长们都要给予鼓励的掌声。

家长感言

● 我家女儿7岁了，参加这次活动令她特别兴奋，一是因为她很久没有到乡下活动了，进入大自然的时候，她就像一只被放出笼子的小鸟般自由飞翔。二是在收集树叶的时候，女儿对所有的植物都感兴趣，一路上都在不停地询问植物的品种。在那一刻，我们感觉到原来自己的知识储备是那么贫乏，也在心底燃起了学习的欲望。让我们比较欣慰的是，女儿在和我们一起创造家庭图案的时候，她特别有创意，整个活动中，我和她爸爸只是她的助手，整个设计和摆放几乎都是女儿完成。从这个游戏中,让我们对女儿有了更全面的了解。

- 我的儿子平时感觉是一个非常粗心大意的人,没有想到这次活动,他表现得出奇认真。我们在用树叶做大鱼的时候,本来想只要形状像就可以了,但是,儿子却说一定要想个办法把鱼的"眼睛"标上,用了好几张树叶都不合适。后来儿子走到其他家庭中观察,终于被他找到一张圆圆的小树叶。经过协商,这个家庭的孩子非常大方地给了儿子一张树叶,儿子道谢后把树叶放在鱼头上。果然,有了眼睛的鱼儿比之前灵动了许多。原来儿子也是可以做得很好的。

- 我家儿子在这个游戏中的表现让我们眼前一亮,他在最后的大作品中表现出来的领导能力让我们很吃惊。之前,我们都觉得儿子在家里是很听话的,我们说什么他就听什么。没有想到的是,这次活动中,他简直就是那些孩子的领导,不仅组织他们把树叶根据种类理好,还引导那些孩子去思考图案的创意。在儿子的引导下,孩子们最终创造出一个很有寓意的图案,儿子因此也很高兴。

专家评析

"树叶秀图"是一个比较轻松的游戏活动,而让家长带着孩子在有组织的情况下玩树叶,需要家长指导孩子去发现美,并能创造出美的作品。大自然中植物的颜色五彩缤纷,形状也各不相同。对于年龄较小的孩子,家长还可以通过颜色的对比启发孩子去思考大自然的奥秘。对于年龄大一点的孩子,通过树叶的组合,启发孩子的思维,让孩子在创造中收获智慧。

其实"树叶秀图"活动还有其他不同的表现形式。比如"树叶时装秀",让孩子们用树叶设计时装,穿上"树叶时装"进行表演,让孩子们的设计和表演能力可以得到充分的展示。

在采集树叶的过程中,也可以普及生物知识,了解树叶的名称和植物的特性。在玩中学,在学中玩,大自然一定是孩子们成长中的必然课堂。

游戏3　瓢盆奏乐

精句共读：音乐对孩子的成长具有极重要的价值。音乐，是孩子凭直觉就懂得的语言，配合音高起伏、旋律节拍、抒情变化等与孩子身心的多方面互动，能自然地改善大脑的发育，同时塑造和丰富着他们的精神与情感世界。

游戏目标

1. 通过欣赏一些优秀的乐曲，感受音乐的魅力。
2. 在游戏中，通过各种道具的组合，学会辨别物体发出的音色，并学会简单的打击乐组合形式。
3. 通过创造乐曲的活动，树立合作意识。

游戏准备

1. 准备部分交响乐或者打击乐的曲目，如《欢迎进行曲》《运动员进行曲》《土耳其进行曲》《拉德斯基进行曲》《维也纳森林圆舞曲》《金蛇狂舞》《凤阳花鼓》《非洲部落舞鼓》等。
2. 准备锅碗瓢盆等家中可以找到的击打物品。
3. 准备录制用的设备。

游戏步骤

1. 亲子之间设定活动方式。

每个家庭成员寻找家中可以用于击打的物品,如锅、盆、碗、瓶、杯等,然后根据各种物品的音色,进行曲目的创作,曲目演奏的时间建议在3分钟之内。

2. 活动过程。

(1) 播放中外的一些进行曲、打击乐、圆舞曲等曲目,感受音乐的节奏特点。

(2) 尝试打击各种物品,找到合适的击打方式。

(3) 共同创作一个打击乐的曲目,并进行录制。

3. 收集各个家庭活动的作品视频和活动过程及感悟。

精彩片段

本案例共收集到10个家庭的活动视频,选择其中3个家庭的活动展示,以供参考。

1号家庭妈妈:

我家孩子11岁,他学了几年的钢琴,对音乐节奏感的掌握比较好。一开始,一家人先是听了几首节奏感比较强的曲目。在听到《拉德斯基进行曲》的时候,儿子提出一个建议,说我们可以给这首曲目配上打击乐,我们觉得这个方式可以试试,于是就各自去寻找可以击打的物品。爸爸找来了一个他吃饭用的专用大碗,还有一双筷子。儿子找来的是一个金属的勺子和一个不锈钢的盆。我感觉他们拿的物品发出的声音应该都比较清脆,于是我找到厨房的塑料垃圾桶之后,就想着把桶倒过来,然后用手拍打,发出的声音肯定和他们不一样。果然,垃圾桶发出的声音比较浑厚,与他们的声音形成了对比。一开始,每个人都是根据自己的想法进行敲打,结果敲出的声音完全就是噪声,没有一点节奏感,而且三种声音合在一起,特别不和谐。儿子觉得这样肯定不行,所以,他想了一下说,我们应该要设计一段节奏,看他一本正经的样子,我们听从了他的安排。他从一个小节开始,然后用笔写下节奏。看他用的符号比较专业,听他说是在音乐课上学过的。每个小节四拍,根据每个人用的物品不同,他写下了节奏的类型。爸爸是大碗,整体的节奏为ABAB式,合为四拍,敲的时候,把碗倒过来,然后用两只筷子在碗中间同时敲一下,第二拍就用筷子分别在碗的两侧同时敲打,第三拍又用两只筷子在中间敲一下,第四拍再击打两侧,如此循环,保持这个节奏不变。儿子拿的是盆,他把盆倒扣在茶几上,然后用勺子敲中间两下为一拍,同时敲边缘为一拍,节奏为AAB式,合为两拍。我是塑料垃圾桶,儿子让我把桶也倒过来,用两腿夹住垃圾桶,然后用手拍打桶底,节奏为"A空A空"的形式,合为四拍。在儿子的带领下,我们尝试了一下,果然,这样敲打发出的声音比之前和谐了很多。听到这样的配合效果,儿子的兴趣更大了,他还在我们配合得比较熟练之后,把自己的节奏进行了改编,效果也不错。我们在熟练的配合之后,决定配上《拉德斯基进行曲》。音乐响起,我们仔细听了音乐的节奏后,然后试着把自己手里的"打击乐器"进行融合。让我们感到特别开心的是,我们按照前面儿子教我们的节奏处理,居然能配合到这首曲目中。这首曲目中会有节奏的快慢和轻重之分,我们在配合的时候都心照不宣地进行了处理,效果特别好。在合练了两次后,儿子就迫不及待地开始录制。一开始,我们和着音乐进行配乐,结果发现我们因为人数不多,声音不够响亮,感受不到我们的节奏。后来把音乐的声音调低,我们的打击乐声音就变得响亮了,这样录制的效果就好了很多。经过一个晚上,我们就把录制的任务完成了,但是儿子觉得还意犹未尽。后来,他又进行了研究,让我们一起配合他玩了一些其他的曲子。

2号家庭妈妈:

我家女儿10岁,接到这个任务后,她显得非常兴奋,因为她觉得这个任务可以让她放松,暂时忘掉学习的烦恼。刚开始,我们都不知道要准备什么物品进行敲打,看到厨房内的物品,总觉得有点油油的感觉,后来,还是女儿想到了道具,她觉得用啤酒瓶是一个好的选择,但是一个啤酒瓶还是太少了,于是我们决定把家中所有的啤酒瓶全部找出来。最后,我们一共找到了11个啤酒瓶,其中9个是空瓶,2个是装有啤酒的瓶。我们把所有的啤酒瓶都放在了茶几上,然后用筷子敲打,但是我们发现,敲打出的声音几乎都是一样的,只有两个装有啤酒的瓶子声音不一样。怎样才能敲出不一样的声音呢?我们一起讨论,最后还是爸爸说,装着啤酒和没有啤酒的瓶子声音是不一样的,那我们可以将空瓶子装上水,并且每个瓶子的水量不同,这样,声音肯定会不一样。听了爸爸的话,女儿进行了尝试。果然,装不同量的水,所发出的声音就不一样的。于是,我们把各个瓶子中的水,按照高度相差1厘米进行分装,这样,每个瓶子发出的声音就都不一样了。尝试了几次敲击后,我们也找到了一些经验,筷子敲到瓶子的不同部位,发出的声音也会不一样。我们又尝试用金属的勺子进行敲击,发出的声音又不同。多次尝试后,我们成功地录下了一段打击乐,女儿还给这段打击乐命名为《家庭变奏曲》。

3号家庭爸爸:

我们家的这次活动可谓是全家总动员,本来我们觉得3个人用家中现有的道具合奏一曲就可以,结果孩子的爷爷奶奶知道这个任务后,也一定要加入我们的队伍,所以,我们这个任务是由5个人完成。我们家的阵仗也比较大,除了我们拿出的一些大家伙,如把烧菜的锅子挂在凳子的椅背上,然后用锅盖去击打,声音特别洪亮。还把适量的黄豆放入不锈钢的饭盒中,通过摇晃发出"唰唰"的声音,比沙球的声音好听多了。另外还把各种碗放成一排,有时是敲击,有时是用勺子从一边滑向另一边,发出悦耳的声音。再加上塑料脸盆的声音,敲打玻璃杯的声音,最后我们把这些声音进行了组合,但没有想到的是,这些声音在一起除了响亮之外,就没有一点调子。孩子的奶奶以前学过一些音乐知识,她看到我们的表现后知道没有指挥肯定不行,所以她主动担任指挥,指导我们每个人的敲打节奏,在她的指挥下,我们渐渐有了调式。同时,孩子的奶奶还把敲打得比较好的地方做了记录,最后进行合奏,一曲《快乐打击乐》终于诞生。

游戏提示

1. 此游戏适合8～12岁孩子的家庭。
2. 游戏所用道具可以多样,但是要注意道具的安全性,特别是玻璃制品,在敲打的时候不能用力过猛,避免敲碎。
3. 在游戏过程中,尽量让孩子多参与、多作主,激发孩子探索的热情。

家长感言

● "瓢盆奏乐"游戏带给我们一家人很多欢乐,一开始,我们都是用那些锅碗瓢盆进行击打,到后来我们选择家中任意可以发出声音的物品进行组合。让我们没有想到的是，家中物品发出的声音，只要我们有节律，随意组合都可以是一曲美妙的打击乐曲。儿子之前不喜欢上音乐课，自从我们家组织过这个活动后，儿子上音乐课可积极了。在学校组织乐队的时候，他还自主报名参加。由于节奏感很好，还得到了老师的表扬，这个成绩与这个活动是分不开的。

- 我家女儿学习古筝，之前她的节奏感不是很好，我们用了很多方式，希望她能变得更好一点，但是一直没有找到合适的方式，自从我们开展了这个"瓢盆奏乐"游戏后，女儿的节奏感明显好了很多，她还会经常用身边的物品进行节奏的练习。之前，女儿学古筝，节奏的练习要很久，现在她对一首歌曲的掌握快了很多。我们都觉得这个游戏给女儿带来的收获是非常大的。

- 这个游戏对我们最大的帮助是增进了亲子之间的情感关系。之前，我们3个人基本上是各顾各的，因为儿子大了，作业也多了，大家每天也都是做好自己的工作和学习，没有太多的交集。接到这个任务后，我们都加快了自己工作和学习的进度，然后腾出时间共同完成这个任务。开始的时候，我们的合作一点都不顺利，还会相互责怪，后来我们发现这样肯定是不能协调好的，于是，通过讨论和重新梳理配合的方式，最后终于在一家人的共同讨论中确定了击打物品的方式，不仅录制好了规定的曲目，也让我们学会了如何与对方交流。

专家评析

"瓢盆奏乐"是一种即兴创作的音乐演奏方式，没有固定的要求，只要能结合现有的发声物品进行组合即可，这种形式在国外比较常见。如在非洲有很多人利用各种生活用具即兴演奏曲目。由于没有固定的模式，所以演奏非常自由。在亲子活动中，建议家长可以根据角色的不同，在合作中轮流做主角，感受主角的光环意识。在轮到做配角的时候，也要思考如何配合才能突出重点。在不断的交流合作中，锻炼孩子的人际交往能力，让孩子在音乐美的享受中感受家庭的温暖。

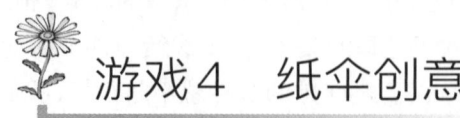

游戏4　纸伞创意

精句共读：家庭是孩子的第一所学校，父母是孩子的第一任老师；父母是子女在生活中言行举止的启蒙老师。民主、和谐、勤劳的家庭是孩子成长成才的基本条件。

游戏目标

1. 通过游戏提高孩子的动手能力，提升孩子的审美情趣。
2. 在游戏中让孩子感受各种伞面的装饰美，体验亲子间共同创作伞面图案的快乐。

游戏准备

1. 本游戏适合在室内举行，总活动时间约50分钟。
2. 准备游戏所用的素色纸伞（建议用大号60厘米）、彩笔、白纸、水笔等用品。

游戏步骤

1. 分发给每个家庭每人一套活动用具。

2. 活动带领者告知规则。每个家庭的所有成员需要共同设计绘制伞面图案，要求同一家人设计的伞面图案具有一定的相关性。每个家庭可以先在白纸上设计好相关的图案，然后再画到伞面上，最后给一家人画的伞面图命名。

3. 所有家庭成员同时开始画雨伞。

4. 40分钟后，各个家庭进行伞面画展示，并分享活动感悟。

精彩片段

活动带领者上场介绍游戏规则。

大家好！欢迎今天到场的6组家庭的所有成员，现在请把之前发给大家的编号贴在自己的手臂上，编号分别为1～6。今天我们将要进行的游戏是"纸伞创意"，每个人都要成为设计师，用你们的智慧为伞面设计绘制出美丽的图案。活动开始前，每个家庭成员都能领到一套活动用品，要求伞面画具有设计感和创意感，体现出家庭元素的特色。游戏结束后，设计绘制好的伞可以带回家，作为房间的装饰品欣赏留存。

现在请各个家庭派代表到台前领取游戏活动用品，设计绘画的时间是40分钟，请大家尽量在规定的时间内完成。在完成的过程中，提醒各个家庭一定要所有的人共同参与设计，然后独立完成伞面的绘画，可以相互指导，但是不能替代对方，相信大家一定都能出色地完成任务。

各个家庭成员在领到活动用品后就开始忙开了。

3号家庭的男孩有点心急，拿到用品后就急着用彩笔往伞面上画，孩子的妈妈连忙阻止，从孩子的手上夺下彩笔，然后让他坐到爸爸的身边，一起商量如何设计伞面。并让孩子在白纸上先画轮廓。5号家庭的孩子是女生，她和爸爸妈妈一起开心地讨论着伞面的设计方式，一边说着一边在伞面上比划着，俨然像一名创意设计师。2号家庭的孩子已经在纸上开始画了，看得出，他们设计的是一个系列，相信他们一定会画出棒棒的作品。

10分钟后，每个家庭都开始在伞面上画自己家设计的图案了，个个忙得不亦乐乎。

规定的时间到了，所有家庭都已完成任务。下面是展示和分享感悟的时刻，要求各个家庭带着设计绘制好的雨伞一同到台前展示，并由孩子讲解家庭伞面画的设计特色。讲解的顺序根据家庭自愿原则安排。

4号家庭的孩子首先举手，他拿着设计好的雨伞与父母一起上台，三把雨伞放在一起，让人一看就知道绝对是出自一家人。4号家庭的孩子说：我们设计的图案主题是"快乐一家人"，设计的理念来自亲子装，我们觉得要把三把雨伞联系起来，就要有相同的元素，所以每个人的雨伞上都画了卡通的自画像，但是每个人身上的衣服都是一样的，每个人手里牵着的气球是不同颜色，而且每个气球上都写上字——"爸爸""妈妈""儿子"。这样，每把雨伞既可以是独立的个体，也可以组合成相亲相爱的一家人。

6号家庭女孩是第二个讲解的，她说：我们设计的图案是"日月星辰"，爸爸的伞上是一个大大的太阳，因为爸爸是我们家的顶梁柱，他每天早出晚归，为我们顶起了一片晴朗的天空。妈妈是月亮，因为妈妈不仅长得美，她还总是很温柔地对待我和爸爸，在妈妈的照顾下，我们一家人生活得很快乐。我是星星，每天都围着爸爸妈妈转，我也很快乐，所以我在星星上都画了漂亮的眼睛和开心的笑容。我们的雨伞还有比较特别的是，在每把雨伞上都画上了精致的花边，这些花边的设计是妈妈的建议，如果大家仔细看，你们会发现，我们的花边都是一样的，由太阳、月亮、星星的循环组合，这也是我们一家人共同的设计元素。

轮到1号家庭开始讲解了，孩子说：我们家一开始意见是不统一的，爸爸说画竹子，妈妈说画荷花，我觉得可以画可爱的小白兔。因为每个人都有自己的想法，而这些想法的相关性也不大，所以，我们又一起进行讨论，既要保留自己想画的，但也要有家庭的相同元素。于是决定要画一些是我们共同可以加入的东西，后来就想到了现代感十足的Wi-Fi的形状，然后相互之间就把这个形状作为共同的元素，我们把这个形状画成相同的样子，现在大家看到的就是我们的"Wi-Fi"家族，我们希望一家人都能自带"信号"，开开心心地生活。

其他组的孩子也分享了自己家庭创作伞面画的过程和感悟。

最后活动带领者根据大家的分享做出小结：从刚才大家的分享中，我们能感受到每个家庭在创作过程中的心路历程，虽然有意见不和，但也有配合默契，最终，每个家庭雨伞上图案的寓意都非常好，具有正能量，而且每个家庭的图案都很有创意，这是你们每个家庭共同努力的成果，相信在今后的生活中，只要大家齐心协力，一定能创造出更美好的未来。你们可以把自己创作的作品带回家，建议悬挂在家中合适的位置，留住这份美好的回忆。

游戏提示

1. 此游戏适合8～12岁孩子的家庭。

2. 在游戏的过程中,建议先将设计稿画在白纸上,然后再画到雨伞上。有些家庭可能会出现画了不满意的图案,所以要多准备一些雨伞,尽量满足每个家庭的需求。

3. 在讨论图案时,家长要尽量让孩子提出自己的想法,不要打击孩子的创作积极性。

4. 在伞上作画和在纸上作画是不一样的,所以要鼓励孩子大胆地去尝试并结合伞面的特点进行创作。

家长感言

- 我家儿子10岁,平时非常喜欢画画,之前他画过很多画,但是在伞面上作画是第一次,所以显得异常开心。一开始,他看到那么大的伞面,迟迟不敢下笔,后来他发现在伞上作画其实也不难,所以他根据自己的想象,在伞面上画下了他喜欢的一些几何图案。虽然他画的几何图案好像没有规律,但是通过各种颜色的组合,这些几何图案呈现出一种不规则之美。我们看了都觉得非常有设计感,当时还引得其他家长啧啧称赞,儿子也因此觉得非常有成就感。我们没想到,儿子小小年纪很有创造力。儿子有这方面的天赋和积极性,今后我们一定要支持孩子的爱好与追求,让他的特长能有用武之地。

- 我家女儿比较内向,平时做事情也不是很利索。在她看到白色的伞面时,都不知所措,拿起的笔迟迟不敢画上去。我和她爸爸看到后有点着急,于是鼓励孩子勇敢地下笔去画,我们还给她做了示范,让她跟着我们一起画。我们是江南人,结合孩子的特点,想画相对简单点的图案,所以就选择画柳树,然后写上一句"万条垂下绿丝绦"的诗句,这样整个画面不会显得空。女儿看到这些图案确实不难,所以她拿起画笔跟着我们一起画,最后在伞面上我们还都签了字。在整个过程中,女儿虽然没有很主动,但她也克服了自己的性格弱点,开心地完成了任务,我们感到很欣慰。

- 我家女儿12岁了,从这个活动中,我深深感受到女儿的自主性,也觉得女儿确实长大了，有了独立的思想，能较好地完成每项任务。我们在讨论图案的时候，是把孩子完全当成朋友来对待的。但孩子毕竟还是孩子，她也会遇到困难。比如说，她在伞面上画出的图案颜色不是她事先设想的，她往往就会甩手不干了，这个时候，我们做父母的就要帮助孩子正确地认识自己遇到的问题，鼓励孩子多去思考问题的所在，也要让孩子知道办法一定比问题多，鼓励她完成任务。这个活动确实能锻炼一个人的意志品质，相信女儿在今后的学习和生活中也会正视自己，让自己变得越来越好！

专家评析

"纸伞创意"是一个有关传统工艺制作的游戏。伞的历史悠久，在伞上作画是很多民间艺人的一门手艺。其需要耐心，也需要有很强的美术功底。"纸伞创意"作为亲子活动，让一家人共同创作一组伞面画，需要家庭中每个人都有相互协作的能力和精神，特别是在创作的过程中，如何让伞面画的组合有创意又有家庭特有的元素，需要每个家庭成员仔细探索，然后根据自己家庭成员的特点进行设计绘制，同时还要考验每个人的审美能力。因为每个人的能力不一样，作画的水平也不尽相同，因此，在创作的过程中，家长要引导孩子注重的是创作过程和表现特色，并且让孩子正确面对活动的结果。

用伞做道具画画，效果很好，但有时准备材料比较困难，其实，我们也可以选用纸扇子、草帽、果盘等做道具，进行家庭亲子间合作作画。

游戏5　别样花绳

精句共读：当我们学会换个角度去看待生活时,就会发现生活中会有别样的精彩。生活中不是缺少美,而是缺少发现美的眼睛。上天赋予我们明亮的眼睛,就是为了让我们去发现生活中的精彩。

 **游戏目标**

1. 通过不断变化的活动,让孩子掌握至少5种基本的翻花绳的技巧。
2. 培养孩子手部肌肉的灵活性和观察能力。
3. 通过活动的花样挑战,树立孩子的创新意识和合作意识。

 **游戏准备**

1. 游戏的场地不限,活动时间不限。
2. 准备多条不同材质的绳子,可以是毛线,也可以是有弹性的细长皮筋。
3. 把绳子剪成约80厘米长,然后两头连在一起打好结。

 游戏步骤

1. 亲子之间设定游戏规则。

基本规则是第一个人用绳子先编好一个基本图案（一般为米字格），编的方式是先用双手穿进绳子，绳子的一侧在大拇指和食指之间，然后左右手分别把绳子再绕一圈到手上后，用左手的中指将右手上绕着的绳子挑起来，然后用右手的中指把左手绕着的绳子跳起来，拉紧之后就形成了一个米字格（如下图）。

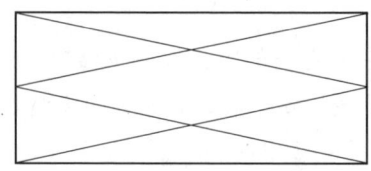

接着，第二个人根据第一个人的图案进行变化，并从第一个人手上把绳子换到自己的手上，第三个人再根据第二个人手上的图案进行创新变化，然后把绳子从第二个人手上换到自己的手上，以此类推，绳子带着图案在几个人手上交换变化。尽量要求每一次变化都是不一样的图案，如果会出现相同的图案，则可以一起商量进行图案的变化。中间如果出现绳子散落或者打结，可以再从头开始。

2. 活动过程。

各个家庭可以根据基本规则进行活动，也可以根据自家孩子的年龄大小进行创新或者改编。

3. 收集各个家庭活动的过程和感悟。

 精彩片段

本案例共收集到8个家庭的活动情况，其中选择3个家庭的活动进行展示，以供参考。

1号家庭妈妈：

我们家孩子是第一次玩这个游戏，显得特别有兴趣，在说明了规则后，她就迫不及待地要开始了。因为女儿从没有玩过，所以我让女儿先看着我编好的最基本的图案后，让她爸爸从我手上接走组成另一个图案的绳子，让女儿感受到绳子图案的变化，然后我和她爸爸就一直从相互的手上把绳子翻编。女儿睁着大眼睛特别兴奋，一直到我和她爸爸无法再翻编下去了，女儿就嚷嚷着要让她翻编。于是我让她爸爸和她玩，我在边上指导，一开始，女儿的手不知道怎么放，在我的指导下，女儿很快就掌握了技巧。随后，她主动开始自己创造图案，每翻出一个新的图案，她就会开心不已。这个传统的游戏玩法让女儿乐此不疲，这就是游戏的魅力所在。

2号家庭爸爸：

我家儿子10岁，一开始他对玩翻绳不是很感兴趣，觉得这个有点像女孩子玩的游戏。后来孩子妈妈说，我们可以把每一次变化后的图案都拍下来，然后再给它命名，记录在每个人的名下，这样既可以看到图案的变化，也可以看出每个人翻绳的技巧。听到妈妈的这个建议，儿子顿时来了兴致，他决定自己先开始，于是让我帮他编好基础的图案，他看着这个图案，很快就用双手的小拇指勾起最边上的两个绳子，然后用拇指和食指穿进交叉的格子内后往上打开拉直，一个新的图案就出来了。他赶紧让妈妈把这个图案拍下，然后取了一个名字为"大渔网"。轮到妈妈翻了，妈妈在我编好的基础图案上换了一种方式，结果编出的图案成了没有交叉，都是直直地被手指拉着，妈妈给它取了个名字叫"面条"，儿子觉得这个游戏还是非常有趣的，于是急着说让我也编一个。儿子主动地在他手上编了一个基本的图案，我思考了一下，在他的基础上做了一些变化，整个图案中大部分绳子都在中间，就像一个蜘蛛网，我就索性给它取了"蜘蛛网"的名字。随着游戏的进行，我们一家人编了好多个图案，我们还在每个图案的照片上标上自己的姓名和图案名称，孩子觉得这个游戏非常有意思。

3号家庭妈妈：

我们家玩翻花绳的方式与人家有点不一样，我们准备了每人一条80厘米长的彩色绳子，然后每个人根据自己想要编的图案自己独立完成，如果需要配合的，也可以相互帮忙。通过穿、挑、绕、勾等技术将手中的绳子组成各种图案。

我们从最简单的开始，也会参照网络上的一些图案进行翻编，每个人编好一个图案后，相互交流，然后把自己会编的图案教给其余两个人，这样，一次就能学会三种翻编的技巧，两个轮回后，每个人就学会了6种技巧。我家女儿自从学会了翻花绳，她还把绳子带到了学校，教班级的其他同学，听到大家对她的赞美声，她学习翻绳的劲头就更足了。

游戏提示

1. 此游戏适合8～12岁孩子的家庭。
2. 游戏绳子建议采用不同的材质，可以用没有弹性的彩绳，也可以用有弹性的长皮筋。
3. 鼓励孩子用多个手指去控制绳子，训练孩子手指的灵活性。

家长感言

- 通过这个游戏，我发现女儿的手确实比较灵巧，而且有敏锐的观察力。10岁的女儿是第一次玩这个游戏，开始我担心她不知道从何下手。但是，在我把基本的技巧教给她后，她很快就掌握了，而且还会经常突发奇想，用5个手指头去勾绳子的任何一个地方，没有想到的是，她居然每一次都能把绳子完美地接到自己的手上，反而是我们两个大人对她手上的图案束手无策，往往还需要女儿给我们指导。这个游戏，让我也受益颇丰，向女儿学习到了很多翻绳的技巧，也让我对女儿刮目相看。

- 我家儿子只有8岁，性格比较外向，总是静不下来做一件事情。我们在玩这个游戏的时候，他一开始随便用手抓着绳子就打开了，根本没有图案，只要到他手上，往往绳子就全部散了。后来，我们采用奖励的方式，他想得到奖励，于是就仔细研究了翻绳的方法，每一次翻出新图案，我们就给他一点物质的奖励。时间久了，儿子居然也掌握了很多翻花绳的技巧，以至于后来，孩子自己要求多玩几次，也掌握了近10种玩法。

- 通过这个游戏，让我看到了孩子的创新意识，之前的游戏，他都会参加，但是不会对一个游戏进行评价。孩子在玩这个游戏的时候，不断变化着手上的绳子，还自创了几个新图案，而且都比较复杂，最关键的是这些图案都来自生活，如她编了"螃蟹""小船""星星"等，看到孩子很有自己的想法，我真心地为她感到高兴。

专家评析

"别样花绳"是一个简单有趣的游戏，传统的玩法是两个人相互翻，一直翻到一方翻不下去为止，同时也体现了一个人的聪明才智。亲子活动中采用这个活动，最大的好处是能让家长放下手机，高兴地陪伴孩子。在游戏中，家长可以鼓励孩子不断创新玩法，体会绳子变化所带来的快乐和惊喜。这个游戏还能锻炼孩子的空间想象能力，家长一般不要责怪孩子的玩法，哪怕失败了也不要紧，一切都可以重来，最为关键的是让孩子多思考，多去想象绳子的变化。

游戏6 折纸飞机

精句共读：家长可以经常和孩子一起做三件事：一是和孩子一起进餐；二是邀请孩子一起玩游戏、修理玩具、家具等，偶尔可以邀请孩子帮忙解决工作中的困难；三是给孩子讲故事或者请孩子自己讲故事。

游戏目标

1. 通过折纸飞机的过程，培养孩子的动手能力和观察能力。
2. 在纸飞机的比赛中，培养孩子学科学、用科学的兴趣，激发孩子探索未知的积极性。

游戏准备

1. 游戏场地建议在室外，场地尽可能大一点，时间可以选择在春秋季节，要避免风的干扰。
2. 准备A4纸若干，桌椅若干（保证参加活动的人员一人一套），以及计时用的秒表、测量用的工具、记录用的白板和标有序号可以粘贴在身上的牌子等。

 **游戏步骤**

1. 活动带领者告知游戏规则。

游戏规则：本次参加"折纸飞机"游戏的家庭有6组，游戏共分两轮比赛，第一轮比赛的内容为"纸飞机"飞行的直线距离；第二轮比赛内容的为"纸飞机"的留空时间。分别进行计分，直线距离和留空时间第一名的家庭分别得6分，第二名得5分，依此类推，第六名得1分。最后根据每个家庭两轮比赛的得分评出一、二、三等奖。

2. 活动过程。

（1）发给各家庭6张A4纸，每个人可以根据自己的设想折纸飞机，纸飞机的样式自定。

（2）进行第一轮比赛。每个家庭每个人选择自己折好的一架飞机进行飞行距离的比赛，测出距离的长短，进行计分。

（3）进行第二轮比赛。每个家庭每个人选择自己折好的一架飞机进行飞行留空时间的比赛，飞机可以是与上一轮同一架，也可以换一架，家庭成员自定。测出留空时间的长短，进行计分。

（4）把各个家庭两轮比赛的得分相加，评出一等奖1个，二等奖2个，三等奖3个。

3. 集体分享活动的体会。

 **精彩片段**

活动带领者上场介绍游戏规则。

大家好！欢迎到场的6个家庭的爸爸、妈妈和孩子们，根据之前的抽签，各个家庭都已经贴上了自己的家庭编号，这个编号也是比赛的顺序。今天将在这儿举行的是"折纸飞机"的游戏活动，这个活动需要各个家庭以纸为材料折叠飞机，然后进行两轮比赛，一轮比赛是纸飞机飞行的直线距离的长度，另一轮比赛是纸飞机飞行时的留空时间。大家可以根据比赛的需求进行飞机结构的设计，每个人可以折两架飞机，样式自定。

现在请各个家庭派一名成员到台前领取A4纸,每个家庭6张,然后在10分钟内把比赛用的纸飞机折好。

所有家庭都开始商量飞机的结构样式,并且尝试着开始折叠。1号家庭一拿到A4纸,就马上开始折叠,看得出,他们每个人都是胸有成竹的样子,估计是在参加活动之前就做好了准备。3号家庭的孩子这时还和家长在不停地讨论中,看样子是因为意见不和,最后,他们三个人都各执己见,折成的飞机各不相同,期待着他们能在比赛中有好的成绩。6号家庭已经把飞机都折好了,整整齐齐地放成一排,清一色的战斗机样式,就像一个标准的飞行战队。

10分钟后,所有的家庭都完成了飞机的折叠,有些家庭还尝试了飞行的方式,现在都齐刷刷地站在第一轮比赛的场地上。

第一轮纸飞机飞行距离的比赛开始了!比赛的顺序根据抽签决定,分别为爸爸、孩子、妈妈组。首先出场的是爸爸组,1号家庭的爸爸第一个飞行,他来到起点,摆好姿势后,猛地把飞机往前投出,飞机非常顺利地沿着投掷的方向飞行,当它缓缓降落后,工作人员测出了飞行的距离,25.15米。看得出,1号家庭的爸爸对比成绩不是很满意。他说,他查过资料,世界纸飞机比赛纪录最远距离有69.14米,所以他觉得这个距离没有预想的远。经他这么一说,现场的所有人都显得非常兴奋,感到心中都有了目标。轮到2号家庭的爸爸上场了,不知道是不是因为有了压力,他显得略有点紧张,把飞机投出去的时候,没飞出几米飞机就头朝地坠落了,测得的距离是10.5米。这一组的爸爸们是各显身手,最后还是1号家庭爸爸的纸飞机飞得距离最远。

轮到孩子组的比赛了,虽然孩子都比较小,但是,6号家庭的孩子明显冲在了前面,他飞出的成绩是19.5米的距离。在妈妈组的比赛中,妈妈们都比较斯文,4号妈妈在投飞的过程中,因为飞机飞行角度的问题,纸飞机在空中转了个圈,结果落在离起点只有3米的位置,惹得4号家庭的孩子一脸不高兴。

在第一轮比赛中,所有家庭成员纸飞机飞行距离相加的结果:1号家庭获得了第一名,计6分;6号家庭获得了第二名计5分;3号、2号、5号、4号家庭分别获得4分、3分、2分、1分。

休息片刻后,各个家庭做好了第二轮比赛的准备。

第二轮纸飞机飞行留空时间的比赛开始了。比赛的顺序还是按照之前的抽签序号,组别顺序分别是妈妈组、孩子组和爸爸组。首先上场的是1号家庭的妈妈,她已经换了一架飞机,这一架飞机的机翼比较大。1号妈妈来到起点,她

拿飞机的样子比较特别,飞机的头是往上朝着天空的,只见她把飞机使劲地往上一投,飞机飞起来了,但是因为重力的作用,飞机很快就掉下来了,留空时间只有3秒。1号妈妈看到这个结果,马上和孩子、孩子爸爸说,不能这么投飞机,还是要平行一些。轮到2号妈妈,2号妈妈吸取了1号妈妈的教训,她把飞机放平了许多,果然,飞机留空的时间有7秒。

妈妈组比赛结束后,活动带领者告知所有的人,资料显示,国际纸飞机比赛留空时间的世界保留记录是29.19秒,这个记录一说,马上激起了大家的斗志,特别是孩子们,撸起袖子,准备大干一场。1号家庭的孩子开始了,他对着飞机哈了一口气,然后用力往前投送,这次,飞机非常配合地在空中停留了8.5秒,虽然离世界纪录还很远,但孩子还是比较开心,因为至少比她妈妈要时间久了很多。每个孩子都非常卖力地投飞着飞机,这一组,留空时间最长的是4号家庭的孩子,时间有9秒。

轮到爸爸组了,最后的希望都寄托在爸爸们身上了。1号家庭爸爸上场了,他这次的飞机是一架体型小一点的,希望能在空中多留一点时间。随着他的投送,飞机比较配合地在空中停留了7秒。在这一组中,飞机留空时间最长的是5号家庭的爸爸,居然达到12秒,几个孩子纷纷把他的飞机拿去研究,兴趣特别浓厚。

第二轮比赛结束了,飞机留空比赛的成绩经过统计后为:5号家庭第一名,计6分,4号、2号、3号、1号、6号家庭分别计5分、4分、3分、2分、1分。

两项相加,1号和5号家庭,获得并列一等奖,2号和3号家庭获得二等奖,4号和6号家庭获得三等奖。

1号家庭的孩子发表了获奖感言,他说:我们之所以能获得比赛的一等奖,我觉得很大程度上是与我们赛前的准备有关,因为在我们来参加活动前,我和爸爸就开始在家研究了如何让飞机飞得远和留空时间长,我们还进行了好多次的试飞,在飞行距离上我们已经掌握了多种技巧,所以第一轮,我们三个人投飞得距离都很好。但是我觉得在第二轮比赛时有点失误,本来如果我们都按照之前统一的方式投飞,我觉得成绩可能会很好,主要是我们想挑战一下,结果发现每个人的机会只有一次,所以就无力改变现状。今后我们还是要坚定自己的投飞方式,这样可以更有把握地获得理想的成绩。

其他各组家庭的孩子进行分享。

活动带领者根据各组家庭的分享做出小结:非常感谢所有家庭孩子的分

享，在这个过程中，我们见证了所有人的努力，无论最后的成绩如何，相信你们都能从这次活动中有很多的收获。1号家庭说的是"不打无准备之仗"，4号家庭说的是"团结合作"，5号家庭说的是"不轻言放弃"，这些都是我们应该学习的地方，只要大家通过活动进行反思，相信你们的生活也会因为不断的探索变得无比精彩。

游戏提示

1. 此游戏适合8～12岁孩子的家庭。
2. 折纸飞机的纸必须是现场分发的，不允许家长用其他的纸。纸飞机折叠的大小和形状可以不限。
3. 游戏中，每个人的机会都只有一次，虽然比赛只是一种形式，但还是要严格按照要求，不能因为某个人的失误就改变规则。

- 我们一家人都很喜欢这个游戏，在没有参加这个活动之前，我们在家里也玩过折纸飞机，各种样式都有，但通过这次的活动，我觉得把折纸飞机的活动提升了一个层次。在游戏中，我看到了儿子对折纸飞机的热爱，我们家一共折了6架飞机，儿子指导我们折成6种形状，然后在两次的比赛中，儿子还进行了对比试验，最后他总结出纸飞机飞的远和留空时间长的特点。回到家后，他又进行了一些创新和改进，然后带去学校和同学一起玩，俨然是一个纸飞机的"发烧友"。

- 我家女儿平时也喜欢做一些手工，但是纸飞机这样的活动比赛，她是第一次参加，所以显得没有经验。但是我们发现，女儿的学习能力非常强，第一轮比赛的时候，她就仔细观察着哪些飞机飞得远和留空时间长。在第二轮比赛之前，她还主动去请教了他人，然后赶紧改变自己飞机的样式，在第二轮的比赛中，我们明显感觉到女儿后来让我们改变过的纸飞机的样式确实很不错，让我们赢得了第二轮比赛的第一名。

- 参加这次游戏活动，最大的收获是看到了女儿主动与他人交往的能力在

提升。我家女儿9岁,平时比较腼腆,不会主动与人交往,但这一次,我发现女儿居然会主动向一位女孩请教折纸飞机的技巧,因为她看到那个女孩折的飞机很好看。后来,我还发现她们两个人私下一起聊天。回家的路上,女儿和我们说了很多关于那个女孩子的事情,借此我们也鼓励女儿以后多与人交往。

专家评析

"折纸飞机"的游戏,原本常常是那些调皮的男孩在教室里玩的"专利",但现在纸飞机已经飞出教室,成为一种深受人们喜爱的全球性运动游戏,各地的纸飞机迷们大都有机会在世界纸飞机锦标赛上一决高下。纸飞机比赛的项目分飞行距离最长、飞行留空时间最长、特技飞行等多种。这个游戏在亲子间举行,可以让孩子感受到国际比赛项目的激烈竞争,也可以让孩子在比赛中体会技巧的重要性,激发孩子对学习和研究的热爱。虽然比赛的过程中有很多偶然性,比赛的机会每个人也只有一次,但是这种体验可以让孩子懂得机会的重要性和对待事物的认识程度。

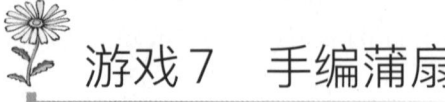

游戏7 手编蒲扇

精句共读：如何发现孩子的长项，大概是每一个父母最关心的事情。当你还没发现孩子的长项时，应该鼓励孩子发展自己的兴趣，兴趣所在，可能就是长项所在。

游戏目标

1. 让孩子在游戏中感受成功的喜悦。
2. 通过游戏，促进孩子的思维发展，提升孩子的审美能力。
3. 通过游戏提高孩子的动手能力和意志品格。

游戏准备

1. 本游戏适合在室内举行，总活动时间约40分钟。
2. 准备游戏所用的棕榈树叶子、剪刀、彩色毛线等。

游戏步骤

1. 由每个家庭中的孩子选择3张棕榈树叶子，父母不要干涉孩子的选择。

2. 活动带领者用视频或者其他方式展示编织方法,确定编织过程中的规则,所有成员都要求独立完成,特别是父母不能帮助孩子编织,可以指导,但是不能代替。

3. 所有家庭成员同时开始编织棕榈树叶扇。

4. 30分钟后,各个家庭进行扇子展示,并分享活动感悟。

精彩片段

活动带领者上场介绍游戏规则。

大家好!欢迎今天到场的6组家庭的所有成员。我们将要进行的游戏是很多爸爸妈妈的童年回忆,因为在那个年代,许多家庭可能没有电风扇、没有空调,炎热的夏天只能靠扇子解暑,因而很多人都学会了自制扇子。今天就让我们一起感受编织扇子的过程,编好的扇子大家都可以带回家保存和使用。欢迎大家在编织的过程中有创新,能编织出自己家庭的特色。

现在先请大家观看编织扇子的视频,这是编织扇子的基本要求,大家可以在编织的过程中加入自己的创意,然后在最后的展示环节与大家分享。

观看视频。

视频结束。每个家庭的孩子到台前领取材料,可以领3张棕榈树叶子,若干毛线和一把剪刀。温馨提示:在编织扇子的过程中一定要注意安全,棕榈树叶子的边沿比较锋利,在编的过程中注意手不要被割到了。在用剪刀的过程中也一样要注意安全,不要伤害到自己和他人。如果大家都已经准备好,现在可以开始编织了,时间为30分钟。

一声令下,各个家庭成员都忙开了。唯有4号家庭的孩子还在东张西望,他好像没有动手的意思。活动带领者注意到这个情况后,便和孩子进行了交流,原来孩子在家从来都不动手做事的,这一次让他自己编织,他觉得自己没有能力,就不想做了,只是等着爸爸妈妈做好之后再帮他做。活动带领者了解情况后,耐心地把编织方法再一次给孩子做了示范,孩子这才开始动手。

30分钟时间到,场上只剩下4号家庭的孩子还未完成任务,在大家的鼓励下,孩子最终完成了编织。

现在是各个家庭展示和分享活动感悟的时刻,要求各个家庭的孩子解说编织过程并分享感悟。

1号家庭的所有成员一起来到台前,孩子大方地当起了解说员。他说:我们手上拿着的扇子是一家人的扇子组合,大家可以看到我们的扇子大小都不一样,爸爸的最大,因为他是我们家的顶梁柱,为我们挡风遮雨。妈妈的小一点,比较精致,这非常符合她的气质特点。我的扇子是最小的,因为我是家里未来的希望,正在茁壮成长。我感觉在编织扇子的过程中,让我感受到了家庭的温馨,我和爸爸的手都比较笨,所以编织的时候经常出错,于是妈妈在边上就耐心地指导我俩,这是非常开心的时刻。我准备把今天编的扇子拿回家后挂在书房,让扇子不仅为我们带来夏日的清凉,也让我们感受一家人的快乐时光。

轮到2号家庭展示了。2号家庭的孩子说:我们家的扇子是很有特点的,大家肯定也注意到了,我们的扇子中间都有用毛线做成的标志,爸爸的是圆的,妈妈是方的,我是三角形的。这个创意是我想出来的,在看到活动带领者给我们道具后,我就想着怎样做才能有自己家庭的特色,后来发现毛线除了可以把最后的棕叶编在一起外,也可以编到扇子内,于是我就和爸爸妈妈商量,本来我们想每个人把自己名字中的一个字编进去,但是我们毕竟是第一次编,而且时间也有限,所以就商量编个简单的,但是在编的过程中其实也不是很简单,是需要克服困难的,我觉得和爸爸妈妈共同去面对,就更有信心去解决困难,俗话说"三个臭皮匠,顶个诸葛亮",这句话是很有道理的。

4号家庭接着进行展示和分享感悟。显然,4号家庭中孩子的扇子做得非常粗糙,好几个地方叶子也翘出来了,形状也是没有规则的。4号家庭的孩子不好意思地说道:我觉得这个游戏对我说非常难,我发现了自己的不足,缺少耐心,又不愿意好好去学习。看到其他家庭的孩子都编的那么好,回去之后一定要好好琢磨,争取以后做得更好。

其他组的孩子也分享了自己家庭编织的过程和感悟。

活动带领者根据大家的分享做出小结:刚才大家的分享都非常棒,有自己家的创意特色,也道出了这个过程的心理路程。特别是4号家庭的孩子,虽然他没有做得很好,但是我觉得他最大的优点是能看到自己的不足,而且在游戏的过程中,没有因为自己的不足而放弃实践。我们知道,不是所有人做事情都是一次就能够做得很好的，但只要我们勇于去克服自己的不足，相信就会让自己变得越来越好的。

游戏提示

1. 此游戏适合8～12岁孩子的家庭。
2. 游戏选择棕榈叶进行编织，相对是比较安全的，但在具体操作时，要注意叶柄不能是尖的，尽量提早削好。
3. 编织的过程是为了锻炼孩子的动手能力，家长千万不要全程代替，要多给孩子鼓励和支持，无论做得怎么样，经历是最重要的。
4. 建议各个家庭都把自己编的扇子带回家留作纪念，也可以回家打开后重新编织。

家长感言

- 我家孩子是闺女，通过这个游戏，我开心地发现了孩子居然是一个心灵手巧的姑娘。之前，我觉得她的性格比较外向，做事情也总是丢三落四的，没有想到，她对编织却非常喜欢和擅长。我和她妈妈都是按照视频中的教程进行编织，但是孩子很特别，她会把所有的叶子都整理均匀，然后在编的过程中还会根据棕榈树叶子的走向进行组合和调整，因此，她编出来的扇子看上去就非常整齐和平整，我和她妈妈的扇子在她眼里就是没有品质，后来回家后，还拆了重新帮我们编织。从这件事上，我们能感受到孩子的能力。今后，也会有意识地带她接触这一类的工艺技术，希望她能找到自己真心喜欢做的事情。

- 我家儿子的动手能力一直很差，之前在学校要求做手工作业时，基本上都是我们代做的。在编织扇子的活动中，我们一直担心孩子不愿意参与，但没有想到的是，他对这次的活动还是非常感兴趣的，虽然他不会编，但是他拿着棕榈树叶还是有模有样地学习着。在我们的指导下，他看到了自己的一点进步后，感觉非常开心，于是在我们的鼓励中，居然完成了最后的编织制作。儿子看到自己的劳动成果后，异常兴奋，看到他脸上洋溢着的笑容，我们忽然觉得之前帮他代做手工其实是不对的。今后，我们要给孩子多一点实践的机会，其实，只要放手让孩子去实践，相信他一定能慢慢做好的。

- 我家女儿从小比较娇生惯养，在一开始编织扇子的时候，她的手不小心划破了一个小口子，我们都有点心疼她，想劝她不要再编织了，但是女儿看到其他小朋友都在认真的编织，于是在同伴的影响下，她没有放弃。在简单处理了小伤口之后，她还是跟着我们一起把扇子编好了，并且她还把自己编的扇子取了一个好听的名字，叫"团团"，因为她觉得自己的扇子就像是被叶子团起来的。看到孩子高兴的样子，我们觉得，其实孩子很多时候比我们想象的要坚强，这样的小挫折可以让孩子以后更加优秀。

专家评析

"手编蒲扇"是一个传统的手工游戏活动，不需要太多的技巧，但是如果要做好也不是十分简单的事情。把这个活动作为亲子项目，最重要的是考验孩子在游戏过程中的表现，父母不同的教育方式会给这个游戏赋予不一样的能量。有些家长非常重视游戏的结果，他们会带领孩子克服困难去完成；有的家长比较重视活动的过程，他们会在过程中观察孩子的表现，并进行适当的引导，从而发现孩子身上的亮点；也有的家长可能会给孩子更多的空间，让孩子自由发展，接受事实。无论是怎样的家长，在这个活动中，都应着重关注孩子的心理发展，发现孩子的心理特点，及时帮助孩子健康成长。

本活动是用棕榈树叶为原材料编织扇子，其实，家长也可以与孩子一起讨论选择新的编织材料，比如利用矿泉水瓶子来做，让孩子感受到变废为宝的意义。在编扇子时，还可以考虑编织实用性、观赏性、纪念性、收藏性等不同功能的扇子。丰富孩子的想象力和创造力，在创意活动中，收获快乐，提升能力。

游戏8　漂流心愿

精句共读：人与人之间既是独立的个体，也是密切相关的群体，并且永远离不开互相扶持、互相帮助。在漫长而短暂的人生中，家长要教会孩子在不断地接受身边人或者陌生人的帮助时，更要学会去回报、帮助别人！

游戏目标

1. 通过游戏，让孩子了解漂流瓶的原始意义，激发孩子对古人传递信息方式的兴趣。
2. 让孩子在游戏中感受人与人之间的密切关系，从中体会到帮助他人的快乐。
3. 通过游戏，树立孩子的责任意识。

游戏准备

1. 游戏适合室外进行，建议在有水流的游乐场或者农家乐。总活动时间约60分钟。
2. 准备高约20厘米的圆形漂流瓶、心愿纸、水笔若干（根据参加的人数进行准备）。

3. 桌椅若干,用于孩子书写心愿。

 **游戏步骤**

1. 活动带领者告知游戏规则。

(1) 每个家庭的孩子在心愿纸上写下自己的心愿,一共两个心愿,其中一个心愿是可以在现场实现的,另一个心愿是要回家后实现的,把两个心愿分别装在两个心愿瓶中,用木塞塞好,作为漂流瓶。

(2) 孩子把装有心愿的漂流瓶放入水中漂流,父母们在终点等候,每个家庭的父母要求各捡一个漂流瓶,然后帮助孩子先完成需要现场实现的心愿,另一个心愿带回家后再帮助孩子实现。

2. 活动过程。

(1) 出示漂流瓶,讲解漂流瓶的由来。

(2) 每个家庭的孩子写好自己的两个心愿,放进心愿瓶。

(3) 所有孩子一起到离终点100米左右处(根据水流的特点可以调整),把心愿瓶一同放入水中进行漂流,然后跟随漂流瓶一起走回终点。

(4) 捡到漂流瓶的父母帮助孩子先实现现场的心愿。

3. 集体分享游戏的体会。

 **精彩片段**

活动带领者上场介绍活动规则。

大家好!欢迎今天来到"漂流心愿"活动现场的6组家庭成员们,你们将分为1~6号家庭。今天游戏的主要内容是帮助孩子实现心愿,但是今天的形式有所不同,孩子们要把自己的心愿将装入漂流瓶,然后父母随机捡到漂流瓶后,完成漂流瓶内孩子的心愿,因为是随机的,所以每个家庭的父母,无论你们捡到的是哪个孩子的心愿,希望都能帮助孩子去实现。

首先,我们请所有的孩子都到左侧桌子上写下你们的两个心愿,一个是现场就可以实现的心愿,一个是需要带回家后完成的心愿。例如,现场的心愿可以是,帮助我们一家人拍摄不同地点的全家福10张,或者陪我聊天等等。带回家的心愿就多了,比如说,在什么时候希望到某个游乐场玩,或者希望得到一个自制的蛋糕等等。写心愿的时间为10分钟。写好之后,把两个心愿分别装到两个心愿瓶中。特别要提醒的是,让家长带回家的心愿纸上一定要写上你的家庭序号和名字,如果是需要邮寄的,一定要写上家庭住址和电话,这样便于捡到你们心愿瓶的家长联系上你们哟。

在孩子们写心愿的时候,各位家长可以相互认识一下,因为一会儿说不定你们捡到的就是对方孩子的心愿瓶。

10分钟后,孩子们把自己的心愿都写好了,装入心愿瓶,工作人员带领孩子们到漂流的起点。孩子们把所有的漂流瓶都放入水中后,随着水流的方向,一直来到终点。

终点处的父母们翘首以盼,看着漂流瓶顺水而下,2号爸爸已经迫不及待地要去捡。这时,一个瓶子飘到了6号妈妈的身边,她一伸手就把瓶子捡了起来,打开一看,居然是自己家儿子的现场心愿,上面写着:"爸爸、妈妈、叔叔、阿姨,你们好!无论是谁捡到我的瓶子,我现场的心愿就是一个,希望您能紧紧地拥抱我,因为爸爸妈妈都很忙,我也要写作业,我感觉已经很久没有被拥抱了。感谢您的拥抱!"看到儿子的心愿,6号妈妈已经眼圈泛红,她在一群孩子中迅速寻找自己家的儿子,当她看到后,一阵小跑地来到了儿子的身边,一把将儿子拥在了怀里。儿子一开始还觉得不好意思,但后来,他也紧紧地抱住了妈妈,久久没有放开。看到这个场景,周围的父母都忍不住拿起手机对着他们拍摄,都想保留这一份真诚的感情。

随着漂流瓶的到来,每个家庭的父母都捡到了一个漂流瓶,现场的气氛顿时热闹了起来。

现在请各个家庭的孩子站到前排,家长们打开漂流瓶了解孩子的心愿,然后站到相对应的孩子边上。首先请孩子们给捡到你心愿漂流瓶的家长一个拥抱,感谢他们即将为你实现心愿。无论是哪个心愿,你们都是生命中的有缘人。

现在,在新组成的这个"家庭"中,大家可以相互认识一下,然后家长帮助孩子完成现场的心愿。无论孩子的心愿是什么,此刻都要真诚地为他去实现,因为这一刻,孩子的体验是最真实的。15分钟之后,请大家重新回到现在的场地,进行活动交流。

在活动感悟阶段,3号家庭的男孩子说:非常感谢5号爸爸和1号妈妈捡到我的漂流瓶，在现场，5号爸爸已经帮我实现了心愿，我觉得很幸福。我的现场心愿很简单，就是希望我爸爸能放下手机，每天都有一定的时间陪我聊天。因为我有很多话想和爸爸说。在5号爸爸的帮助下，我爸爸非常认真地和我聊了天，我也把自己的很多想法告诉了爸爸。以前，我总觉得爸爸是一个非常严肃的人，现在通过和爸爸的聊天，我觉得爸爸其实也有温柔的一面。今后，我会主动找爸爸聊天，但也希望爸爸能在和我聊天的时候一定要专注，多陪陪我。我的另一个心愿是希望得到一套关于军事方面的书籍，还需要爸爸陪着我一起看。1号妈妈已经仔细问过我的要求，她当即从淘宝上买下了我想要的书，我真的非常感谢他们，我会记住他们对我的帮助，今天我感到特别温暖。我会让他们留下联系方式，今后可以常联系。再次感谢5号爸爸和1号妈妈，谢谢！

活动带领者根据各组家庭的分享做出小结：今天的现场活动让我感动，本来都是陌生的家庭，互不相识，但是通过一个小小的漂流瓶，家庭之间产生了联系。有的家长捡到了自家孩子的心愿，这是巧合也是无法割舍的缘分。当你们面对自己的孩子时，相信你们更会从内心去感受孩子的需求，哪怕是一个拥抱，一句赞扬的话语，对孩子来说都是莫大的激励，希望我们所有的爸爸妈妈都能懂得孩子的内心。另外，还有的家长捡到是孩子的其他心愿，相信这些家长一定也会认真对待，因为孩子会期待着那个想要实现的心愿。最后，请各位家长都拥抱一下自己的孩子，他们需要你们富有亲情表达的拥抱。

游戏提示

1. 此游戏适合8～12岁孩子的家庭。
2. 游戏要选择安全的场地，在投放漂流瓶时，避免选择在道路崎岖和危险的地段。
3. 如果条件允许，在游戏现场可以播放一些轻音乐，增加现场温暖的气氛。

家长感言

- 我是孩子的爸爸，儿子今年9岁，我们是第一次参加这样的游戏，在接到邀请的时候，我们也只是抱着带孩子去玩玩的心态，没有想到的是，孩子非常喜欢这项活动。在现场,他很认真地写下了自己的心愿,然后小心翼翼地放进心愿瓶进行漂流,生怕心愿瓶被弄破。他提出的心愿虽然很简单,就是希望我背上他绕着游戏场地跑3圈,但是当帮助他完成心愿的家长与我沟通的时候,他还是有点担心我不会答应,看到他一脸的期盼,我知道儿子非常期待我的帮助。我也知道儿子提出这个心愿的想法就是因为我一直工作很忙,平时都是他妈妈送他上下学,我回家的时候,他基本上已经睡着了。所以他是真心渴望能多与我交流。在得知儿子的心愿后,我马上就蹲了下来,儿子没有想到我会这么爽快就答应他的要求,他犹豫了一下,然后就欢快地趴到了我的背上。因为他的心愿是要跑3圈,但是我没有跑几步就气喘吁吁了,儿子趴在我的背上马上让我不要跑了,一边走还可以一边和我聊天,听到儿子这么贴心的话语,我真的很感动,觉得平时确实要多与儿子交流,不能因为工作繁忙而忽视了与孩子的陪伴相处。

- 我家女儿参加这个游戏的收获非常大,在现场,对方家长已经帮她实现了心愿,她就非常兴奋,但是最让她感到温暖的是另一个家长帮她实现的心愿,她的心愿就是希望爸爸妈妈陪她一起做DIY的饼干和糕点,这个家长非常有心,为了实现她的心愿,在自己家购置了做饼干和糕点的各种工具,然后邀请我们一家到他们家去实现这个心愿。通过这个活动,女儿不仅学会了做小糕点的方法,还收获了一个好朋友——和他家孩子特别投缘,玩得非常开心。真心感谢这次活动的组织者,虽然是一次游戏活动,但是也为我们提供了与人交流的平台,让我们真正感受到了人与人之间的友情。

- 我家女儿是比较内向的一个孩子,她一般不会主动与人交流,我们决定参加这样的游戏,就是希望孩子能在活动中说出自己的心里话,让我们可以了解孩子的内心思想,也希望通过这个游戏让女儿多与其他人交往,让她学会与人交往的一些方法。在现场,女儿的心愿很简单,她就希望我们陪她在场地边上走走,我们觉得她这样还是学不到与人交往的方式,于是我们在征求了她的意见后,让捡到她漂流瓶的家长也一起陪着她走走,她没有拒绝,我们希望这个家长多和孩子说说话。非常感谢这位家长,她一路上和孩子说着话,看得出,孩子也很愿意和她交流,最后,在孩子的要求下,我们一家人和这位家长合影。游戏结束后,我家女儿还念念不忘这位家长,真心感谢这次活动,让女儿对除家人之外的人有了很好的沟通交流,相信她今后也会慢慢地学会与他人交往的方式。

专家评析

"漂流瓶"在中世纪是人们穿越广阔大海进行交流的手段之一。密封在漂流瓶中的纸条,往往包含着重要的信息或者衷心的祝福。发现一个可能从未知地方而来的漂流瓶,对于古代的水手而言,或许是一种惊喜、神秘、偶然、期待……今天,我们把这个游戏用于几个陌生家庭之间的亲子活动中,更能让孩子体会到"漂流心愿"的乐趣,也可以在活动中感受被人帮助的幸福感。这个活动要求漂流瓶中放入的是自己的心愿,其实我们可以将这个活动进行拓展,放入瓶中的可以是祝福、感恩的话语,或者父母直接用漂流瓶的方式给孩子进行生日祝福等等。这样的活动既能满足孩子的好奇心,也能让孩子的心理得到更多的慰藉,犹如现在比较流行的"盲盒",那种对未知的期待会让孩子保持很长时间的愉悦心情。

游戏9　百草争强

精句共读：父母大都想保护好自己的孩子，不愿意让孩子到大自然中去经受风雨历练，只希望孩子能在自己的精心呵护下逐渐长大。但远离大自然的孩子，在意志力、想象力、创造力等方面常常会受到制约。为了孩子的健康成长，家长需要创造机会，让孩子接受野外生存训练。

游戏目标

1. 通过采集各种草本植物，帮助孩子了解大自然中植物的多样性。
2. 在与同伴"斗草"的过程中提升孩子的观察能力和成败的分析能力。
3. 通过游戏，促进家人之间的相互协作和亲子关系。

游戏准备

1. 游戏场地适合室外，建议在春秋季节的山坡和田野等地方，总活动时间约40分钟。
2. 准备"斗草"用的桌子。

 游戏步骤

1. 活动带领者告知活动规则。

各组家庭在规定的15分钟时间内,在活动场地的周边采摘自然野生的花草,自带的花草不能用作比赛。

2. 第一轮"识别花草"活动。

所有家庭将采摘到的花草进行比较,看那组家庭采摘的花草种类最多,多者为胜。

3. 第二轮"斗草"活动。

各组家庭通过抽签决定斗草的顺序,在孩子之间用花草进行淘汰制的比赛,每一轮中都以三局两胜的形式确定赢者。

4. 集体分享活动的体验。

 精彩片段

活动带领者上场。

大家好!在这个阳光明媚的日子里,我们6个家庭的成员有缘相聚在这里。我们将要举行一场既新颖又有趣的亲子游戏活动——"百草争斗","斗"就是要比赛,我们不仅要比哪个家庭采摘到的花草种类多,还要比一比谁家采到的花草更有韧性。所以大家在采摘的时候需要两者兼顾,采摘的时间是15分钟,无论你们到哪里采摘,必须在15分钟内回来,否则就被取消第一轮的比赛。

15分钟时间到。所有的家庭都按时回到了游戏现场。

第一轮"识别花草"。所有的家庭按照事先抽签决定的序号把自己家的花草都放在了桌子上指定的位置,并且家庭成员共同说出采集到的花草的名字。看看哪个家庭既采摘的多,说出的花草名字也多。很多家庭用手机微信中的"识别"功能,很快知道了自己采摘的花草名称。这对孩子来说,真是一个很好的学习机会。

根据要求,把每个家庭花草的种类进行了统计。1号家庭一共采摘了12种

花草，2号家庭是14种，3号家庭虽然也是一大束，但是很多花草的种类是一样的，所以实际只有8个品种，4号家庭看似不多，也很杂乱，但是他们采摘花草的品种却有18种，从短的到长的，从叶子小的到叶子大的，品种繁多。5号家庭也是14种，6号家庭有15种。最后，这一轮获胜的是4号家庭。

第二轮"斗草"比赛开始，每个家庭把自己认为最有韧性的草拿出来，然后由孩子之间对战，采用的是淘汰赛的形式，通过三局两胜者为赢。通过抽签，对战的家庭是1号、3号为第一组，2号、6号为第二组，4号、5号为第三组。比赛开始了，1号家庭选择的是一根很长的茅草，3号家庭选择的也是茅草，两根茅草相交在一起，两个孩子一起用力，或许是3号家庭比较用力，结果把自己手上的茅草拉断了，第一局1号家庭赢了。第二局开始，3号家庭换成了一根狗尾巴草的茎，1号家庭没有改变，他们决定继续使用茅草。显然，狗尾巴草的茎相对比较硬，3号家庭的孩子一用力，就把1号家庭的茅草拉断了。第三局开始，1号家庭也换成了狗尾巴草的茎，这一局，双方势均力敌，都在小心翼翼地试探对方的力度，这时，3号家庭的孩子有点着急了，把拿着的草往自己身边一拉，结果手上的草扯成了两段。这一轮，1号家庭胜出。

第二组是6号家庭胜出，第三组是4号家庭胜出。胜出的家庭再次进行比赛，这三个家庭通过抽签产生对决的组合，结果6号家庭和4号家庭进行比赛后，4号家庭胜出，然后与1号家庭争夺冠亚军，最后，1号家庭获得了冠军，4号家庭获得了亚军，6号家庭为季军。

1号家庭拿到冠军之后，孩子就迫不及待地发表了自己的感想。她说：我对第二轮的比赛其实并没有抱太大的期望，因为其他家庭的孩子都是男孩，我觉得他们的力气肯定比我大，所以我获得胜利的概率并不大，但是没有想到的是，我选择的草为我争得了荣誉，特别是狗尾巴草，我用它赢得了两场比赛，这个草对我来说，简直就是"幸运草"。

接下来其他组的家长和孩子也分享了自己的心得体会。

活动带领者根据分享做出小结：大自然里的花草种类多样，只要我们善于发现，这些花草就会出现在我们眼前。每一种花草都有自己的特性，有的小草很柔弱，有的小草很坚韧，有的小花很独特，有的小花很平凡，就像我们每个个体一样，都有自己的性格脾气，只要我们了解自己，做自己擅长的事情，相信每个人都会有无比绚烂的明天。

游戏提示

1. 此游戏适合6～12岁孩子的家庭。
2. 家长在带领孩子采摘的过程中一定要注意安全，不要让孩子到危险的地方采摘。
3. 在采摘的过程中，尽量让孩子去发现花草的不同特点。在第一轮的"识别花草"环节中，家长可以借此向孩子进行花草知识的科普，让孩子说出每一种花草的名称，让孩子了解各种植物的品种与特性。
4. 在第二轮的"斗草"中，孩子们肯定会遇到失败的时刻，家长可以在这个时候和孩子进行理性的归因，让孩子学会客观看待成败。

家长感言

- 我家儿子在这个游戏中获得了第二轮"斗草"的冠军，他非常开心，满脸充满快乐，这种状态是我们之前非常难得看到的。儿子已经读三年级了，他的学习成绩在班级属于中等，没有优势学科，也很少得到老师的关注和肯定。在生活中，他也是一个十分平常的人，很少感受过成就感。在这一次活动中，他也没有夺冠军的勇气。但是，他当着所有人的面走上领奖台时的感觉，让他深深地体会到了成就感。从那以后，他对生活和学习开始充满了信心，这种成功的体验，对一个孩子的影响还是非常大的，我觉得今后要鼓励孩子多参加类似的活动。

- 我家女儿11岁了，她属于一个爱美的孩子，在我们采摘花草的过程中，她似乎忘记了自己的任务，把她认为好看的花一个劲地往自己头上戴，还让我们帮她采了很多花草，她说除了参加比赛的花草，她要做一个花束，带回家送给从小就带她的外公外婆。看到孩子有这样一份孝心，我们也由衷地感到欣慰。整个游戏活动，女儿都沉浸在大自然的花草中，恨不得能融入里面，原来孩子与大自然的关系就是这么的自然和舒心，今后我们决定要多带孩子到大自然中去走走。

- 这个游戏我们一家人都非常喜欢，活动不仅让我们感受到了大自然的神奇和美丽，也让我们一家人的关系融洽了很多。平时，我们都在城市内生活，每天面对的都是钢筋水泥的房子，小区的绿化虽然很不错，但是与真正投身到大自然中的感觉是完全不一样的。我家10岁的儿子一到活动场地，就开始满地跑，对任何事物都感到特别好奇，游戏活动还没有开始，他就已经采摘了很多花草，也许这个就是孩子的天性。看到孩子开心的样子，我们做父母的也特别开心，这时候看到的孩子都是可爱的，所以这样的活动可以改善亲子之间的关系。

专家评析

"百草争强"，是我国民间流行的一种传统游戏，是由采草药衍生而成，属于端午民俗。一群人找些奇花异草互相比赛，以新奇或品种多者为胜。到了现代，一方面由于社会的发展，另一方面因为人与自然关系的疏远，人们对这些游戏失去了兴趣，但孩子还是对这样的活动充满兴趣。所以把这个游戏运用到亲子活动中，让父母带着孩子去感受大自然的魅力，并且在感受的同时让孩子发现生活中美的多样性。在大自然的乐园中，通过采摘花草品种的多样性的比赛，到"斗"出"好"的小草，可以引导孩子不断地去尝试和改变，既增加了趣味性，又学到很多课外的知识。

单纯的"百草争强"对于年龄稍微大一点的孩子略显简单，因此，可以在本游戏的基础上，将其拓展为插花、制作植物标本或用花草作画等富有艺术气息的活动，激发孩子的思维能力、审美能力和动手能力，让孩子在大自然的活动中，尽情展露自己的想象力和创造力。

游戏10 选石作画

精句共读：上天给了你孩子，你无法左右他的丑和美，聪明和愚笨，但是你可以根据他的特点进行培养和塑造。

 **游戏目标**

1. 通过游戏活动，让家长初步体会孩子的独特性和可塑性。
2. 在游戏活动中，帮助孩子提高创新的能力。
3. 通过游戏活动，培养家长和孩子欣赏美的能力。

 游戏准备

1. 本游戏适合在室内举行，总活动时间约30分钟。
2. 准备游戏活动用的石头、颜料和画笔等。
3. 准备孩子绘画用的围裙。

 **游戏步骤**

1. 让孩子自主选择3块石头，父母不干涉。孩子与家长共同讨论石头的造

型和特点，并且初步确定作画的意向。

2. 亲子间单独作画。家长和孩子分别根据自己所选的石头进行绘画，然后交流作画的过程和创作意图。

3. 亲子之间合作讲故事。家长和孩子根据各自石头上的画进行故事创编，然后由孩子展示。

4. 集体分享游戏活动的体验。

5. 家庭成员与石头画作品进行合影，以便留念。

精彩片段

本次游戏共邀请到了5组家庭参与。活动带领者把事先准备的各式各样的石头放在大家面前。

大家好！刚才大家看到工作人员已经把各种各样的石头放到了你们面前，今天的游戏是与石头有关。现在请孩子们到台前来，根据你们自己的意愿，每人任意选取三块石头。

孩子们上台选择石头。

现在请孩子们回到父母身边，与父母共同讨论，如何根据石头的形状与质感，确定作画的意向。讨论之后，孩子和家长开始分别作画，要求各自独立完成。在作画过程中不要相互帮忙和建议，先画好的人可以静静地观察其他人作画，但是不能影响孩子或者别人作画。作画时间为20分钟。

时间到！

现在，我们先从妈妈开始分享作画感受，然后是孩子，最后是爸爸，分享的主要内容为看到家庭成员所画的作品有怎样的感受（一定要说第一感觉），然后说出自己作画的过程和感受。

3号家庭的孩子说：我刚才精心挑选了三块形状相似的石头，因为一开始我就在想，这三块石头就像是我们一家人，而且形状是圆圆的，因为我们一家人的脸型都是圆圆的。后来经过商量，我们决定在石头上都画上笑脸，就像是我们幸福的一家人。

5号家庭的爸爸说：在孩子把他选取的石头交给我时，其实我的内心是有点不满意的，因为孩子选的石头是奇形怪状的，感觉什么都不像，在这样的石头上画画,我觉得太难了。一开始我还指责了孩子,但是他对我说,"这块石头多么像一朵美丽的梅花,你可以把那些突出的部分当作是梅花的花瓣。"听他这么一说,我也觉得挺像的,于是就根据他的建议画了梅花,后来发现确实挺好看的。所以,我们有时不能一味地去埋怨孩子,多听听孩子的想法,可能会让自己有更多的发现。

集体分享结束后,分别让各自的家庭成员再进行讨论,把三人的石头画进行故事创编。5组家庭分别由孩子进行石头画故事创编的交流。

1号家庭的孩子说:今天我们给大家讲的是"海底一家人"幸福生活的故事。在海底,有这么一家人,妈妈是一条美人鱼,每天把自己打扮得漂漂亮亮,爸爸是一只八爪鱼,每天都出去寻找食物,然后带回来给家人享用,孩子是一条可爱的小丑鱼,还没有长大,跟着妈妈在家玩耍。

4号家庭的孩子说:今天我们展示的是一个历险故事的画面。我们一家人开着一艘白色的帆船,带着食物,准备出海到遥远的岛上去探险。一路上,经历了狂风暴雨,还遇上了大鲨鱼,但是我们勇敢地克服了所有的困难,最终来到了这个神秘的小岛。没有想到,小岛上的酋长非常热心地招待了我们,还送给我们很多珠宝。我们也把珍贵的礼物给了岛上的居民,最后在他们的祝福下我们又顺利地回到了自己温馨的家。

其他组的孩子也分享了家庭作品故事,分享结束后,每一组安排一位家长再分享活动的感悟。

活动带领者根据大家的分享做出小结:每一块石头各不相同,但是都有存在的意义,这一次我们让孩子选择了家庭成员作画的用石,结果我们无法改变,就像我们的父母生下了孩子,孩子到底是怎么样的,我们无法决定,但是,只要仔细观察和精心打磨,石头可以变得非常美丽,家庭的故事也会很完美。在生活中,家长如果能冷静思考一下孩子的特点,然后根据孩子的实际情况进行培养,相信每个孩子都能健康快乐地成长。

游戏提示

1. 此游戏适合6～12岁孩子的家庭。
2. 在游戏的过程中,注意作画时颜料的管理和使用,避免孩子乱涂乱画。

3. 在作画的过程中一定要求孩子和家长都独立完成，不能相互帮忙。

4. 孩子在分享家庭作品故事时，无论孩子讲得是否精彩，家长们都要给予鼓励的掌声。

家长感言

- 我是男孩的爸爸，相比较而言，我们家孩子是这次活动中年纪较小的一个，但是，出乎意料的是，孩子不仅能独立完成作画，而且还有自己独到的见解。最后的分享，我们完全是根据孩子的想法进行整理和展示。从这个游戏中，我们感受到家长不能什么事情都替孩子做决定，一定要根据孩子的自身特点进行引导和教育，尊重孩子的成长规律。

- 我是女孩的妈妈，这次的游戏活动，对我来说是比较震撼的。当我看到孩子选取的石头时，第一感觉是孩子怎么会选择这么难看又没有特点的石头，感觉根本无法在石头上画出有意义的东西。一开始我就责怪孩子，因为石头不可以调换，所以孩子更是一脸无辜地看着我。现在我感觉到其实孩子也很无奈，因为她有自己的选择。但是有些选择她是无法决定的，就好像她无法选择自己的父母一样，想到这个层面，我就静下心来和他们父女俩一起想办法根据石头的形状作画，最终的结果不错，非常感谢这次游戏的活动带领者。

- 我家女儿在这次的游戏中表现非常好，我们配合得也很默契。通过这次游戏活动，让我深深感觉到孩子就是一个独立的个体，家长不能总是对她指手画脚。我们可以一起商量、讨论、决定，一定不能所有的事情都为孩子做主。就像活动带领者说的，我们虽然生了孩子，但是无法决定孩子的一切，我们只有细心地打磨，仔细地观察孩子，并根据孩子的习性引导，只有这样才能成为真正合格的家长。

专家评析

"选石作画"是一个有趣的心理游戏，如果只是为了画而画那就意义不大。这个活动有两个的亮点：一是在选择石头的时候让孩子有自主权，父母要接受孩子的选择；二是石头绘画作品的故事创编，不仅可以让一家人去思

考3人间的整体关联,还能锻炼孩子的表达能力,可谓是一举两得。

在游戏的过程中,活动带领者一定要注意观察孩子和家长的表现,有的家长可能会觉得这只是一个"小儿科"的游戏,表现为用心程度不够,最终会让活动停留在表面化的画画层面。所以,活动带领者在引导时一定要多让家长说说孩子选择好石头后的第一感觉,这个点是非常重要的,因为这是整个游戏活动中,最需要引导家长思考的问题。家长对孩子的接纳程度、对孩子能否尽心和有针对性地教育都非常关键。

本游戏是选石作画,其实,我们也可以拓展到"选叶作画""选景作画"等等,开阔孩子的眼界与思维,让他们发现身边之美,感受自然之美。

第二章　体验运动之美　提升孩子体能

　　运动对人的影响，小到调整人的生存适应能力，大至改变人的发展轨迹。在本章中，每个游戏设计都与运动相关，身体的挑战、毅力的培养、品格的发展，为孩子提供了大量的"生长维生素"。同时，结合孩子的认知水平与性格特点，还设计了各种游戏方式，让不同年龄、不同性格的孩子，能在游戏中得到锻炼和提升。总之，培养孩子的沟通能力，锻炼孩子的意志品质，希望孩子能在游戏中感受到快乐与成就感。

游戏1　圆球传接

精句共读：每个孩子都是上天派来的天使，我们需要小心呵护他、保护他，遵循他的成长规律，只有这样他才能健康快乐地成长。

游戏目标

1. 通过游戏，锻炼孩子沉稳的性格，提高相互合作的能力。
2. 在游戏中提升亲子之间的情感。
3. 通过游戏，激发家长学会关注孩子心理的能力。

游戏准备

1. 游戏建议在室内进行，总活动时间约20分钟。
2. 准备游戏用的乒乓球、大号的勺子和装乒乓球用的篮子。
3. 做好3条游戏赛道的起点和终点标志。

游戏步骤

1. 抽签决定游戏活动的场地，并了解游戏规则。

抽签由孩子们进行，无论抽到哪个顺序，都可以进行赛前练习。游戏活动有3条赛道，3组家庭可以同时开始。本次活动共分两轮进行。第一轮要求全体家庭成员同时上阵，然后用嘴咬住勺子，把乒乓球装到勺子内后从起点运到终点的篮子内，在规定的时间内运球多者为胜。在运输的过程中，不能用手帮忙，如果乒乓球落地了，要重新从起点开始。第二轮全体家庭成员还是要求用嘴咬住勺子，但是不需要每个人都运到终点，而是在赛道上，把乒乓球传给下一位家庭成员，最后一位家庭成员把乒乓球运到篮子内，同样是以规定时间运球多者为胜。

2. 比赛过程。

第一轮比赛，家庭成员全部上场，除了起点可以把乒乓球从篮子内用手拿起放在勺子上外，其余时间都把手放在背后，然后在规定的3分钟之内看哪组家庭运送的乒乓球最多，一个球记1分。

第二轮比赛，规则有所改变，要求家庭成员排成一列，然后从第一位家长开始把球放在勺子上，接着传给下一位家庭成员的勺子上，不能用手去帮助，如果球掉到地上，不需要去捡，可以从头开始再传球，然后最后一位家庭成员把球放进终点的篮子内。这一轮的时间增加到5分钟，一个球记2分。

3. 比赛结果以两次得分相加高者为胜。
4. 集体分享游戏活动的体会。

精彩片段

活动带领者准备好各种活动用具。

大家好！今天一共有6组家庭将在这里进行"圆球传接"游戏。乒乓球被国人称为国球。中国体育健儿曾在奥运比赛中取得过乒乓球比赛的辉煌成绩，因此成了我们中国人的骄傲。今天的游戏活动，既是感受乒乓球的魅力，也是考验我们每个家庭成员间的配合能力。比较特别的是，今天的乒乓球不是用来打，而是进行运球和接力比赛。这个小小的球有多么神奇，相信大家在活动中一定会感受到。

首先，请抽到1～3顺序的家庭到活动场地，准备第一轮比赛，先练习运球。在正式活动之前，每组家庭可以有2分钟的练习时间。

第一轮比赛马上开始了,请3组家庭的全体成员站到起点,我们这一轮的规则是先用手把球放在嘴巴咬住的勺子上,然后用自己最快的速度把球运到终点的篮子内。三组家庭成员同时开始,注意不要相互影响,如果中途球掉下来,必须重新跑到起点,然后再运过去。活动的时间为3分钟。

1~3组家庭结束后,4~6组家庭重复第一轮的运球比赛。

第一轮活动全部结束后,活动带领者统计好各组篮子内球的个数,每个球记1分。所有家庭休息5分钟后,进行下一轮运球接力的活动。

5分钟后,进行第二轮比赛。在这一轮比赛中,规则有所不同,需要完成的任务是接力,每个家庭成员在起点距离相同的地方站立,用嘴咬住勺子,双手放在身后,由第一位家人把球传给第二位家人,然后第二位家人再传给第三位家人,第三位家人把球放到篮子内。以5分钟之内运球的个数计分,这次每个球记2分。

6组家庭都完成游戏活动之后,活动带领者要求所有的家庭成员坐到原先指定的位置,可以围成一圈的形状。

活动带领者根据两次比赛的计分宣布各组家庭的得分情况。1号家庭26分,2号家庭30分,3号家庭28分,4号家庭都是36分,5号家庭32分,6号家庭33分。这次活动得分最多的是4号家庭,他们家庭在第二轮的比赛中发挥特别出色,一共进了11个球,得了22分,他们的接力技巧与合作能力值得我们学习,下面让我们用热烈的掌声欢迎4号家庭分享感言。

4号家庭的孩子非常兴奋,迫不及待地发言道:我们有一个比较有利的条件,就是观看了第一批家庭的比赛情况,然后根据他们的经验进行了调整,这样就又快又准。特别是第二轮,我发现2号家庭做得比较好,他们在接力的过程中,当第一位家长已经把球传给中间的孩子后,马上又拿好球,等待着孩子把球传给最后一位家长,这样就省出不少的时间。如果有球掉到地上,特别是球滚到很远的地方去了,他们不是去捡球,而是重新开始,这样会节省时间。我们按照他们的做法,就在第二轮中比其他家庭多运送了好几个球。

其他各组家庭成员也分别交流自己的心得体会。

活动带领者根据各组家庭的分享做出小结:在"圆球传接"游戏中,我们看到很多亮点,比如说,1号家庭中的妈妈,在运球的过程中非常镇定,稳步向前,运送的过程中没有一个球掉到地上。还有5号家庭中的孩子,在第二轮的比赛中,表现出了很强的领导力,不仅告知爸爸妈妈如何接力的技巧,还不断地用眼神暗示爸爸妈妈不要惊慌，最后他们也取得了不错的成绩。游戏只是一个过程，如果我们能从游戏中获得更多的感悟，那就是一个有意义的游戏。希望每个家庭回去后能有所总结，有所感悟。

游戏提示

1. 此游戏适合8～12岁孩子的家庭。

2. 游戏活动的直线距离以6米为宜，然后多准备一些餐巾纸，因为用嘴巴咬勺子，时间长了会有口水流出来。

3. 乒乓球因为比较小，在传送的过程中容易掉到地上，尽量让家庭成员将掉到地上的球及时捡起来，避免其他家庭成员不小心踩到后出现意外伤害。

4. 因为家庭成员的身高不同，特别是孩子的身高比较矮，家长在接力的时候一定要注意传送的高度，尽量保持和孩子在同一个高度上，亲子之间的配合度非常重要。

5. 无论多大年龄的孩子参与，都尽量不要用放弃的方式结束活动，如果确实要放弃，可以作为一个分享点进行分析讨论。

家长感言

- 我是孩子的爸爸，我家儿子平时是一个大大咧咧的人，做事情常常不专心，但是在这次游戏活动中，我发现他有很大的变化，好像他的求胜欲望非常强，特别是在运球的过程中，当要把一个球放下的时候，他马上就跑过来，虽然第一轮的活动只有3分钟时间，但他却跑得满头大汗，从这一点上看，我觉得今后一定要鼓励孩子多参加活动，可以激发他的动力。如果把这个动力再运用到学习或者其他方面上，他一定会变得越来越优秀。

- 我们一家人是第一次参加这样的游戏活动，一开始配合不是很好，在运球的时候还经常撞到一起，导致球掉到了地上，浪费时间。后来，我们觉得，活动一定是需要相互配合的。于是在第二轮比赛时，我们仔细地分析了活动要求，然后调整好战术，积极互相配合，在第二轮中我们居然以运球最多取胜。从这里我感觉到，很多事情只要大家用心去分析，努力去完成，一定可以有收获的。

- 我家女儿比较文静，平时不爱动，没有主动性。在这次的游戏活动中，她没有像其他孩子一样积极，虽然我和她爸爸觉得这样不是很适合，但是后来我们也想到了一点，既然孩子的性格是这样的，我们没有必要非让孩子改变。事实也证明，虽然她动作慢，不主动，但是我们的成绩也不差，感觉她文静的性格也有利于运球，因为我和她爸爸都有球掉下来的情况，而她一个都没有掉下来，这恐怕和她的性格相关。所以，我觉得尊重孩子的特点，多陪伴她成长很重要，不必刻意地追求那些难以达成的目标。

专家评析

"圆球传接"游戏的第一轮难度不是很大，但是第二轮就不仅需要家庭成员的积极配合，还需要娴熟的技巧和良好的心理素质。

这个游戏活动考验的是整个家庭的配合度，对待孩子，要了解他们的特点，顺应孩子的性格进行引导，父母要跟随孩子成长的脚步一同进步。切不可拔苗助长，不遵循孩子身心发展的需求，不然会让孩子陷入成长的烦恼中。家长在处理孩子的问题时，需要讲究方法，就像运球一样，全神贯注，顺势而为，只有这样才能让孩子健康快乐地成长。

本游戏用乒乓球进行接龙，其实，在生活中我们还可以各种各样的圆球进行接龙，比如大的篮球、小的玻璃球，只是游戏规则可能不同而已，但游戏的精神与目的是相通的。

游戏2　头顶气球

精句共读：小树苗如果没有经历过风吹日晒雨淋，会长得不结实，无法应对风雨的考验。孩子的成长也是如此，父母可在适当的保护下，给予孩子一定的挫折锻炼。

游戏目标

1. 通过游戏，提高亲子之间的配合度，促进家庭成员的情感交流。
2. 通过亲子之间的相互活动，锻炼孩子的身心协调能力和耐挫能力。
3. 通过讨论交流，帮助孩子理清归因方法和调整思维模式。

游戏准备

1. 游戏建议在室内进行，总活动时间约20分钟。
2. 准备游戏所用的气球和记录时间的秒表。

游戏步骤

1. 活动带领者告知活动规则。

本次游戏活动一共有6个家庭参加，游戏要求各个家庭的成员用头把气球轮流顶起，5分钟之内不落地即为挑战过关。要求爸爸妈妈必须用头顶球，但孩子除了用头顶球之外，5分钟内允许3次用手肘协助顶球，否则就算挑战失败。如果在5分钟之内气球落地，则宣布挑战失败。

2. 活动过程。

所有家庭按照孩子的抽签决定上场的顺序，根据序号，第1～3号家庭首先挑战体验，4～6号家庭第二批挑战体验。

活动带领者发给每个家庭一个气球进行练习，练习之后，1～3号家庭和4～6号家庭分两组参加挑战，根据活动带领者的指令站在活动区域。游戏开始后，活动带领者负责记录时间和查看游戏的进展，特别是出现犯规行为时，要及时指出或终止游戏。最后根据各家庭的实际情况评出挑战成功者。

3. 集体分享游戏活动的体会。

精彩片段

活动带领者上场。6组家庭按照事先抽签决定的序号参加游戏。

大家好！欢迎到场的6组家庭，今天进行的游戏是"头顶气球"，规则比较简单，每个家庭成员用头顶气球，5分钟之内不让气球落地即挑战成功。但是在顶球的过程中，要求家庭成员轮流顶起，不能一个人同时顶两次，也不能用手拍打气球。家庭成员中的孩子允许在5分钟内可以3次用手肘顶起，多于3次则挑战失败。气球如果在中途落地，挑战即失败。

现在，给各个家庭3分钟练习的时间，感受一下顶球的技巧，特别要注意的是，孩子和家长如果身高相差比较大，需要思考一下如何保证气球不落地。顶球练习开始！

活动正式开始，首先有请1、2、3号家庭的所有成员到活动区域，所有的爸爸妈妈都把手放在身后，由孩子在活动带领者的指令下把气球拍向空中，这时首先由爸爸把球顶起，然后换其他家庭成员去顶球，可以是妈妈也可以是孩子，这个顺序可以家庭内部自定，但是一定不可以同一个成员连续顶两次，这将被判为犯规，挑战即可终止。活动的时间是5分钟，气球没有落地视为挑战成功。

活动非常精彩地进行着，3分钟后，2号家庭因为孩子一时没有接住，球要落地了，父母也没有回天之力，只能任其落到了地上。挑战失败！剩下的1、3号家庭一直稳定地顶着，最后两个家庭都坚持住了5分钟，挑战成功！

接下来有请4、5、6号家庭参加活动，同样的规则。准备开始！这一次，4、5号家庭因为种种原因没有挑战成功，只有6号家庭坚持到最后。

根据挑战的规则，本次活动中1、3、6号家庭挑战成功，其余3个家庭虽然没有成功，但相信他们一定也有话说。首先有请2号家庭的孩子说说自己的感受。

2号家庭的孩子说：开始的时候，我觉得一家人配合得还是很好的，可是后来，因为球变得越来越低，我爸妈头顶的时候都需要蹲下身子了，轮到我的时候，我想着不能违规，所以就始终用头去顶球，结果球不但没有被我顶上去，反而被我撞到了地上。我怀疑是不是气球有问题，为什么总是往下沉。

活动带领者根据孩子的发言进行适当地引导。2号家庭的孩子说了挑战没有成功的原因，有他自己的原因，也有客观的原因，这就是我们经常说的归因方式。一件事情的成败有各种原因，在总结的时候，不同的归因模式，对今后孩子的成长会有很大的影响。下面我们再来听听挑战成功的6号家庭孩子的小结。

6号家庭的孩子说：在活动的时候，有几次也差点掉下来了，但在最关键的时刻，我急中生智地运用了孩子的特权，用手肘顶球，达到了"起死回生"的效果。我个人觉得，气球是一个非常不定性的物体，要掌握它的运动规律确实比较难，但其实还是有技巧可寻的。只要一家人好好配合，不仅可以坚持5分钟，甚至坚持10分钟也是完全有可能的。

其他各个家庭的孩子进行分享。

活动带领者根据各个家庭的分享做出小结：这次的游戏活动是一次挑战，既然是挑战，一定会有成功和失败，无论怎样的结果，我们一定要客观地去面对，从分析中找出成败的原因。要想挑战成功，很重要的因素就是家庭成员之间的配合度，孩子和父母身高相差比较大的家庭，面对这样的挑战确实有点难度。我看到有一个家庭的孩子比较矮，他爸爸就把孩子抱起来用他的头去顶气球，这个方法也没有违规，所以这是智慧。相信通过这样的游戏活动，能让我们有所感悟。

游戏提示

1. 此游戏适合6～12岁孩子的家庭。

2. 游戏需要准备的气球尽量多一点,然后让家长和孩子自己选择气球,气球也可以让各个家庭成员自己去充气,充气的大小由各个家庭自行决定。

3. 在游戏的过程中,如果确实是因为一些不可以避免的因素导致气球掉到地上,可以让这个家庭重新开始挑战。

4. 无论多大年龄的孩子参与,尽量不要用放弃的方式结束游戏,成功与失败的体验都是孩子宝贵的经历。

家长感言

- 我家女儿是这次游戏活动中个子最矮的,所以,对我们来说是一个不小的挑战。一开始练习的时候,我们就在思考怎样把我们的劣势缩小到最小范围。孩子的爸爸个子很高,他顶过的球落下来让我和女儿顶还是可以的,但是,女儿顶的球对他就是很大的挑战了。所以我们后来就想到了把孩子举起来用头顶球,这样既没有违规,也可以让我们更好地去接球和顶球。从这件事情中,让我懂得了一个道理,有时我们总是去埋怨一些看似不合理的规则,但是只要我们用心去思考,相信办法总是比困难多。

- 在这个游戏活动中,我切身地感受到了家庭成员之间相互配合的重要性。我家孩子只有8岁,平时做什么事情都是依着他的性子,可是这个活动必须所有人都要参与,少了任何一个人都不行。一开始的时候,我们总是配合不好,经过几分钟的练习,我觉得一家人的配合还是不错的,从顶2次球就会掉下到后来能坚持顶5次,然后我们最多顶了20次。虽然最终没有挑战成功,但是我们的进步却是不小的。所以今后我们还要经常做一些相互配合的游戏,这样可以促进彼此之间的交流。

- 我家孩子是男孩,作为父亲,我一直认为,男孩不需要养得太"精细",任其自由发展就可以。但是从这次的游戏活动中,我看到了孩子需要发展的一面。很多时候,我们家长常常会忽略孩子的思维模式,比如,孩子在活动的过程中觉得这个活动太难了,就产生了畏难情绪,甚至想放弃了。一开始,我用非常严肃的口吻对他说，做一件事情一定要有始有终，不能半途而废，可是他嘴巴一噘，就想不做了。后来他妈妈说，我们坚持一下，找到方法就可以了，慢慢地孩子情绪稳定了，最终也坚持了下来，孩子也体会到了成功的快乐，教育孩子真是需要合适的方法。

专家评析

"头顶气球"是一个经典的游戏，既可以活跃气氛，也可以促进人与人之间的相互融洽。这个游戏用在亲子挑战中，可以让家长关注到孩子的一些表现。由于身高差距的缘故，孩子在活动中，会显得比父母更困难，这不仅考验孩子的毅力，而且对父母的挑战也不小。如果父母能俯下身来与孩子一起参与游戏，或者想办法让孩子能更顺畅地融入到游戏之中，相信孩子一定会排除畏难情绪而积极表现。在游戏活动中，细心的家长还可以及时矫正孩子的一些偏差的认知。建议游戏可以延续到家庭中进行，通过经常性的配合训练，会让孩子有信心、有成就感。当然，让孩子在游戏活动中受到挫折的历练，也是活动带来的好处。

游戏3 同心共筑

精句共读:"二人同心,其利断金",只要齐心,就没有不能克服的困难。通过适当的引导,积极的参与,主动的投入,为孩子的未来成长奠定基础。

游戏目标

1. 通过游戏,促进亲子之间的沟通和交流,掌握人与人交往的原则。
2. 通过游戏活动的分享,有助于提高孩子们相互学习和交流的能力。

游戏准备

1. 本游戏建议在室内进行,总活动时间约30分钟。
2. 准备游戏活动的合适场地。

游戏步骤

1. 活动带领者告知活动规则。

本次游戏一共有6个家庭参加,游戏的要求由易到难,从人少到人多共进行两轮活动，最终6个家庭的所有成员背靠背坐在地上，然后手臂相扣同时站立起则代表游戏成功。

2. 游戏过程。

第一轮的游戏活动，要求各个家庭的成员都坐在地上，父母先背对背，手臂互扣，然后一起运力，不借助其他的力量站立起来，在父母已经能轻松站起来后，再加入孩子。如果3个人能相互站立后就代表第一轮活动挑战成功。第二轮活动中，各个家庭按照各自的意愿去寻找另一户家庭进行组合，互相配合站起后再进行3个家庭的组合，最后要求6个家庭的所有人都参加活动，全部能够站立则代表整个游戏结束。

3. 集体分享游戏活动的体会。

精彩片段

活动带领者上场。6个家庭围成一个小圆圈坐在活动区域内。

大家好！欢迎到场的6个家庭，下面将要进行"同心共筑"的游戏，这个游戏既需要每个家庭成员之间的配合，也需要6个家庭所有成员齐心协力地完成最后的挑战。

现在，请各家庭的爸爸妈妈做好准备，你们背对背坐好，然后手臂扣手臂，用背部的力量相互支撑站起来，孩子在边上仔细观察爸爸妈妈的做法，因为一会儿孩子也要参与到活动中。有一个家庭的爸爸妈妈已经站立起来了，其他家庭加油！现在就剩两个家庭还在努力，让我们一起为他们加油。非常不错！现在所有的家庭都已经完成任务。接下来请各家庭的孩子参与到这个活动中，各位家长需要注意，孩子的身高与家长有所差别，在背靠背的时候一定要照顾到孩子的感受。练习2分钟，各家庭争取能在1分钟之内站起来。

活动的时间到了，现在请各家庭的三名成员背对背坐好，从我的左侧家庭开始挑战，现在我们就定左侧的第一个家庭为1号家庭，后一个家庭为2号家庭，以此类推，一直到6号家庭。从1号家庭开始，1分钟之内挑战成功的请站立，如果没有成功的先坐着，我们最后一起想办法完成挑战。现在请所有的家庭做好准备。

挑战开始！1号家庭非常厉害，5秒钟之内就全部站起！现在有请2号家庭……请3号家庭……4号家庭要加油，因为没有在规定的时间内站起，我们先请5号和6号家庭进行挑战。现在只剩下4号家庭了，你们可以商量一下，用什么方式能快速站起，如果你们觉得需要求助其他家庭也可以。在大家的帮助下，4号家庭终于找到了技巧，站立了起来。

现在所有的家庭都完成了第一轮挑战。接着需要两两家庭进行组合，然后6个人背靠背站立起来，两两家庭自由组合进行训练。两两家庭练习结束后，1～3号家庭进行联合站立，4～6号进行联合站立。在两大组家庭都能站立后，挑战最后一次组合，即6个家庭共同站立起来。

在6个家庭所有人的努力下，本次活动挑战成功了！相信很多人有话想说，首先请各家庭的孩子来说说参加这次活动的感受。

2号家庭的孩子说：我觉得今天这个活动非常有意义，开始的时候，我根本不相信这么多人会一起站立起来，所以也没有很好的配合。后来，我发现大家都有决心站起来，我虽然不太想站起来，但边上好像有一股力量带着我起来，所以我觉得真是人多力量大，我真正体会到了团结就是力量的道理。

4号家庭的孩子说：我们家是第一次活动中最后才完成挑战任务的，因为是最后一个，所以我觉得任何事情都需要技巧。之前一直不能站起来，是想着每个人靠自己的力量站起来，但是我后来发现，如果只靠自己的力量是远远不够的，只有相互借力，才能把力量往一个地方使，站立起来就容易了。后来，我们和其他家庭的配合也非常好，因为如果你越不想靠别人，你就越会分散更多的力量，所以后来就用力把背靠着边上的人，反而会更加容易站立起来。我觉得这个游戏非常神奇，以后准备和同学一起再试试。

其他家庭成员分享活动感言。

活动带领者根据各组家庭的分享做出小结：世界上很多事情，看似不可能，其实只要你愿意去尝试，团结一致，任何事情都可以做好。今天的活动让我们感受到了一种力量，所有人齐心协力战胜挑战的场面让我感动。你们中的许多人性别不同、年龄不同、身高不等进行组合，能够顺利完成挑战，真的很棒。相信每一个人都是有潜能的，只要用心去做，任何事情都有可能突破。

游戏提示

1. 此游戏适合8～12岁孩子的家庭。

2. 游戏活动的区域一定要打扫干净，可以让所有人席地而坐。

3. 在活动的过程中，可能会出现挑战失败或者挑战不顺畅的情况，活动带领者一定要有耐心，保证活动的成功。

4. 无论多大的孩子参与，尽量不要用放弃的方式结束活动，如果确实存在，可以作为一个分享点进行分析讨论。

家长感言

- 我对一家人在本次游戏活动中的表现很满意，平时一家人不经常参加这样的活动，孩子爸爸经常出差不在家，但没有想到的是，今天我们3个人在准备的过程中，居然一次性就站了起来，配合得特别好。用孩子爸爸的话说："我们3个人果然是一家子，做什么事情都是统一的。"我也感到非常欣慰，游戏活动让我们感受到了家庭的温暖。

- 这个活动刚开始时，我觉得是一个非常简单的游戏，但是在活动带领者的引导下，我发现这个游戏并不简单。它需要所有人齐心协力，高度配合，特别在最后6个家庭所有成员的参与环节中，我看到了很多的闪光点，也看到了每个人身上的优点，看到了从不可能到可能。

- 我家是儿子，我是孩子的爸爸，平时带孩子一直是缺位的，所以不知道孩子的教育问题应该如何处理。参加这样的游戏活动，不仅让我感受到幸福和快乐，也让我体会到孩子的不容易。因为孩子比较矮，他也想努力配合我们，可总是有点力不从心，这让我想到了平时，我们总是给孩子报各类兴趣班，虽然有些不是孩子喜欢的，但懂事的儿子没有反抗，其实孩子是承受很大的压力的。通过这个活动，我一定要学会站在孩子的角度思考问题，争取让孩子变得更加优秀。

专家评析

"同心共筑"是一个经常出现在集体活动中的游戏。有些时候，孩子们之间自己也会玩，目的就是想利用彼此的力量产生合力，达到站立的目的。把这个活动运用在亲子活动中,增添了更多的难度和目的性。由于孩子和父母的身高不同,在活动过程中,父母一定要顾及孩子的特点与感受,在最后完成所有家庭成员一同站立的时候,更需要大家的高度配合,只要有一个地方出现问题,整个挑战就不可能成功。这种"同心共筑"的要求特别高,能体现人与人之间的相互包容和支持,想要挑战成功,仅靠一人之力或者部分人的努力,是不可能实现的。参与这个游戏活动,不仅让所有人懂得相互合作的重要性,而且也考验每个人的信念和心理素质,这是一个既容易操作又意义深刻的游戏。

游戏4 跳格子房

精句共读:"万丈高楼平地起""千里之行,始于足下",有了方向,有了行动,梦想就近在咫尺了。

 游戏目标

1. 通过家长与孩子共同创建房子的过程,促进亲子之间的沟通和交流。有助于家长对孩子的了解,有利于孩子对未来生活的思考。
2. 在游戏中增强孩子的竞争意识,培养孩子不畏困难的良好品质。
3. 通过游戏活动,培养孩子的创新能力、平衡能力。

 游戏准备

1. 游戏建议在室外较大的空地进行,总活动时间约30分钟。
2. 准备一盒彩色粉笔和几块小石头。
3. 准备一些必备的药品,以防孩子发生意外。

游戏步骤

1. 游戏前准备。

孩子与家长一起讨论如何设计格子房的结构，注意基本的结构特点不能变，主要是房子格子的大小，颜色的设定可以根据讨论设定。

家长与孩子一起用彩色粉笔在空地上画好格子房。

2. 游戏过程。

第一轮，按照经典的跳格子房游戏进行活动。图案的格式如图。

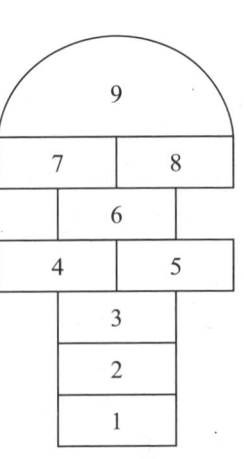

3. 游戏规则。

（1）确定参加游戏人员的出场顺序。

（2）第一位游戏者站在起跳处，将小石头丢到格子1中，获得起跳资格，如果小石头不在格子中，则取消当轮的游戏资格。

（3）单脚跳进数字2的格子，然后依次按照格子数一直单脚跳到最后的穹顶中，在跳的过程中脚不可以落地，否则将等待下一轮。但是途中如果经过并排的格子以及穹顶，可以双脚落地。

（4）以单脚跳的方式由穹顶再依序往回跳。跳回到格子2时，弯身捡起格子1中的小石头，接着再依序跳回起点。

（5）再将小石头丢向数字2的格子里，丢进了就重复进行第一次的动作，若没丢进或是犯规，就换下一个人玩。等全部格子跳完之后，就可以盖房子了。方法是背向格子，把石头掷入任何一个空格内，写上自己的名字或代号之后，其他人在跳跃时就须跳过此格，不可以落脚在你的房子内，但是房子的主人可以两脚并立。

最后，以谁的房子最多为赢者。

第二轮，进行房子的创新玩法。家庭成员可以在原来房子的基础上进行创新和改造，形成自家独特的房子结构。

4. 收集各个家庭房子的结构图和活动感悟。

精彩片段

本案例共收集到10个家庭的房子创新图和亲子活动过程,其中选择了3个家庭的设计方案。

1号家庭:

我们家格子房的构思图如图所示。

我们家的孩子比较小,只有6岁,所以在设计的时候,我们采用单脚跳的格子比较少,这样孩子在跳的过程中可以双脚落地多休息一下。设计的天空也是可以休息的地方,在这个地方休息的时间可以自己决定。

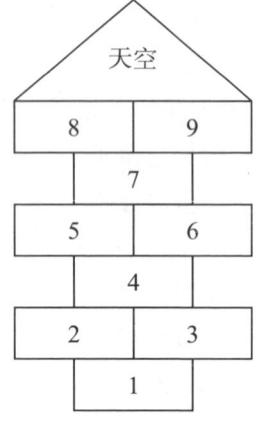

2号家庭:

我们家的格子房是儿子设计的,他很喜欢蒙古包的样式,所以他说格子房要设计成这样。在玩的过程中,基本的规则还是一样的,1和2、7和8格是双脚落地,中间的3、4、5、6格一定要单脚跳,9是可以休息的地方,也可以双脚落地。这个设计不仅需要很好的身体平衡力,也可以有效地训练方向感。

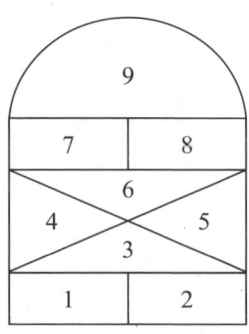

3号家庭:

我们家设计的格子房是正方形的,相对于传统的格子房难度有所增加。其他的规则没有改变,加括号的格子是可以双脚落地的,其他格子都是单脚跳。在这个格子房中难度最大的是第6格到第7格的跨度比较大,需要有一定的技巧才能跳过,所以这个格子房适合8岁以上的孩子进行游戏。

游戏提示

1. 此游戏适合6～12岁孩子的家庭。
2. 建议父母和孩子都穿宽松的运动服,便于活动。
3. 设计格子房的时候,建议家长在指导的时候要设定基本规则,不能让孩子随意设计,不然就失去了传统游戏的意义。
4. 在游戏活动中,家长要多鼓励孩子动脑筋完成任务,输赢不是重点,关键是通过游戏培养孩子克服困难的意志品质。

家长感言

- 我家女儿8岁了,是一个很有主见的孩子,这次在玩跳格子房的时候,她根据传统跳格子房的特点,一口气设计了5套不一样的格子房,但是基本的原理都是一样的。我们和孩子一起尝试了跳不同的格子房,然后选用了其中的一套格子房作为全家"争房产"的房子。一开始,女儿以为很简单,但跳到要把石头扔到第三格的时候,她一时没有把握好,石头滚出了圈外,那一轮就失去了"晋升"的机会。轮到我和她爸爸跳的时候,第一局都跳到了第5格,女儿明显感到有点焦急,但是让我比较佩服的是,女儿虽然着急,但她还是非常能沉住气。轮到她的时候,她走到要扔石头的格子边上仔细观察了距离,然后再回到起点开始扔,这个方法果然比较有效。在第二局她一路追到了第8格,很快,她就可以占有房子了,当她在格子内写上自己的名字时,我能感觉到她长长地出了一口气,脸上露出了自豪的笑容。这个游戏让我再次感受到孩子内心那股不服输的劲,我觉得这个游戏我们可以经常玩。

- 我是8岁男孩的爸爸,在这个游戏中,感触最深的是一家人其乐融融的氛围。因为我经常要出差,所以不能总是陪在孩子的身边,一家人在一起活动的机会非常少。这个游戏是延续了最久的活动,我们把每次活动后拥有的"房子"数,记录在孩子成长的记录本上。因此,在每一次活动的时候,我们就会重复一下前一次活动的场景,还会经常提醒拥有"房子"少的人要空出时间挣"房子"。游戏活动就像是连接我们之间的纽带,让一家人既能在游戏中得到乐趣,还可以收获游戏的成果。

- 我家女儿比较小，只有7岁，通过这个活动，让我切身体会到孩子点点滴滴的进步。因为她年纪小，又是第一次玩这个游戏，所以我们选择的是最传统的跳格子房样式。我们在和她讲规则的时候还是比较吃力的，她不是特别能理解，于是我们就给她做了示范，开始跟着我们学，没有想到的是，她居然一看就知道怎么跳了，然后按照规则去练习跳房子。毕竟孩子是第一次玩，而且她的平衡力也不是很好，总是摇摇晃晃的，我们对她的犯规也不计较，但孩子坚持按照规定来，还说一定能跳好的。通过几次练习，女儿真的越来越进步了，通过努力，她可以很快赢得一个格子房，看着她的进步和收获，我真心地感到高兴。

专家评析

"跳格子房"是一项非常经典的传统游戏，在很多幼儿园的操场上都画着格子房的图案，成为孩子们玩乐的好游戏。因为经典，所以很少有人想到去改变，把这个游戏运用到亲子活动中，主要的目的是激发孩子的创新意识。从收集到的几个家庭改变格子房样式的案例来说，我们看到了跳格子房的递进性，这也是游戏形式的与时俱进，融入时代元素的表现。格子房的格子设置，是可以根据训练的需要而变化的，这样不仅可以锻炼孩子的平衡能力，也可以启发孩子的思考，即如何通过有效的方式得到自己的所需。在游戏中，为了获得更多的"房子"，会激发孩子努力挑战的愿望，所以，这个游戏也常常运用在提高竞争意识的训练中。

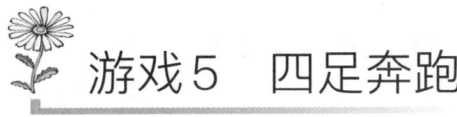

游戏5 四足奔跑

精句共读：一个人可以走得很快，但不可能走得很远，只有一群人才能走得更远。而一群人要走得又快又远，则需要步调一致，齐心协力。

游戏目标

1. 在游戏中体验合作性，感受家庭成员之间经过合作带来的成功喜悦。
2. 在游戏活动中克服消极情绪，尝试理解对方，帮助对方，通过共同努力获得成功。
3. 通过游戏活动，体验解决问题的方式，培养孩子坚强的品质。

游戏准备

1. 游戏建议在室外进行，总活动时间约30分钟。
2. 准备一些布条和计时用的秒表。

游戏步骤

1. 活动带领者告知活动规则。

本次活动一共有6个家庭参加，游戏的要求是：各家庭先进行"三人四足行"的练习，找到技巧后，再进行一家人"四足奔跑"的比赛。要求是把三个人的脚两两绑住，组合的时候可以孩子在中间，也可以孩子在边上，各家庭根据自己的实际情况而定，没有严格规定。然后三人从起点出发，到达指定位置后返回到起点，用时最少的前三名家庭获得活动的优胜奖。

2. 活动过程。

（1）预备活动。活动带领者发给每个家庭两条布带，让家长和孩子先两两组合，在场地上进行训练。通过训练找到活动的要领和方法。

（2）"四足奔跑"正式开始活动。6个家庭根据抽签决定分组，一共分为三组进行活动，活动带领者用秒表记录各个家庭在规定路程内的时间，最后根据用时的多少评出优胜家庭3个。

3. 集体分享游戏活动的体会。

精彩片段

活动带领者上场。6个家庭贴好各自的标签站在指定的位置。

大家好！欢迎到场的6个家庭，今天我们进行的是"四足奔跑"游戏。大家肯定都比较熟悉"两人三足行"的游戏，今天，我们把这个游戏活动升级了，是一家人同时参加，所以成了"四足奔跑"的活动形式。这种形式比之前有难度，但是相信在大家的努力下，一定能取得不错的成绩。

现在各家庭进行5分钟的练习，练习时需要每位家长和孩子分别进行"两人三足行"的练习，目的是为了让大家对这个活动有所体验，体验之后请家长再尝试"三人四足行"的练习，找到一些技巧后再准备最后的"四足奔跑"比赛。

正式比赛即将开始，请各家庭做好准备。出场的顺序请各家庭的孩子到现场抽签。

根据抽签决定，出场顺序是2号、3号家庭为第一组，1号、5号家庭为第二组，4号、6号家庭为第三组。现在，首先上场的是2号、3号家庭，请这两个家庭成员站在起点，做好准备。温馨提醒，游戏活动的目的主要是考验一家人的配合程度，所以一定要注意安全。脚上的布带如果中途散开，需要在原地系好再出发,但是这样肯定会浪费时间,所以系布带的时候要紧一些。比赛记录的是30米往返的时间,用时最少组为优胜。

第一组准备出发!

现在公布这次活动每个家庭的用时情况,1号、6号、3号家庭分别为1分20秒、1分25秒、1分28秒,获得前三名,4号、5号、2号家庭分别为1分35秒、1分50秒、2分05秒。

现在有请各家庭的孩子说说自己的活动感受。

1号家庭的孩子说:在这次活动中,能取得好成绩,主要是我们在准备活动中做得特别充分,我和爸爸妈妈仔细研究了"两人三足行"的快速行走的技巧,发现两个人只要配合得当是比较容易行走的,但是在尝试"三人四足行"的时候,一开始,我在爸爸妈妈的中间,本想着爸爸妈妈可以带着我一起走,会快一点,但是发现,这样做我非常不适应,因为感觉不能让我自己控制了,走几步就觉得非常累。后来,我们改变了位置,我站在爸爸的右侧,妈妈站在爸爸的左侧,加上我们感觉爸爸的协调能力比较好,爸爸就在中间掌握我们前进的速度,配合几次后,我们就非常顺利地开始奔跑起来了。所以,我觉得三个人的位置关系很重要。

2号家庭的孩子说:在这次活动中,我们虽然是最慢的,但是我觉得,从活动中获得了很多乐趣。之前我很少看到爸爸的笑容,可是这一次,我看到了爸爸脸上露出惬意的笑容。我们在配合的过程中,虽然总是出现状况,但我们没有气馁,特别是爸爸,他终于感觉到自己因为太胖了,所以总是走不动,他还一个劲儿地说,以后一定要减肥了。如果爸爸回去之后真的能做到,那就是这次活动带给他的最大意义,因为爸爸确实太胖了。

其他家庭分享活动感悟。

活动带领者根据各个家庭的分享做出小结:从这个游戏中可以看出,各家庭成员都非常积极地参与其中,说明一家人有了一个共同的目标,就可以"携脚"而行。事实证明,每个家庭都完成了任务,虽然时间有长短,但是从你们身上看到了坚持和毅力。这项升级版的游戏活动对大家都是挑战,但是你们没有因此退缩,而是勇敢地面对,我要为每个家庭成员的努力点赞,你们都是好样的!相信你们在未来的生活中,一家人一定能共同努力,向着美好的生活相携而行。

游戏提示

1. 此游戏适合8～12岁孩子的家庭。
2. 游戏活动需要准备的布条要稍微宽一点,避免在活动中伤害到脚踝。
3. 在活动中可能会出现一些意外,比如可能会摔倒,所以有必要准备一些医药用品。
4. 在整个活动中,活动带领者可以为每个家庭鼓劲,但是尽量不要给任何一个家庭进行指导,要做到公平公正的组织活动。

家长感言

- 我家儿子非常喜欢这次的游戏活动,而且感觉他很有头脑,不停地给我和他爸爸指导。之前,我和儿子曾经参加过"两人三足行"的活动,那个时候还在幼儿园,他爸爸从来没有参加过这样的活动。现在儿子9岁了,身高也快赶上我了,这次活动需要一家人一起前行。刚开始预备练习时,我们总是不能协调一致,他爸爸性子比较急,还想放弃,儿子的兴致很高,他居然很耐心地做爸爸的思想工作,后来,他爸爸都觉得不好意思了。通过一家人的积极配合,最后我们在活动中取得了比较满意的成绩,儿子非常开心。所以,我觉得这次游戏活动,不仅增强了家庭成员之间的融洽度,也让我看到了儿子值得点赞的亮点。

- 这次的活动对我们一家人来说,最大的收获是有了统一战线的意识。之前我和孩子爸爸在做一些事情的时候总是意见分歧,虽然有些事情有不同的意见也关系不大,但是今天要顺利完成"四足奔跑"的比赛任务,必须要步调一致。在活动练习时,我和他爸爸的意见总是不和,边上的女儿都快急哭了,后来我想这样肯定不行,于是我和他爸爸都静下心来,听女儿的意见,没有想到才8岁的孩子,居然很有自己的见解,她指挥我们两个人先进行配合,然后她在边上配合我们的脚步往前走。后来,我们配合好了,她再加入,非常顺畅地奔跑了起来。忽然感觉孩子真的长大了,有时我们也应该听听孩子的意见了。

- 我一直认为我家孩子是一个没有进取心的人,感觉他平时也不愿意与人竞争,胆子也特别小。这次的游戏活动也是我们要求他参加的,目的主要是带他出来运动一下,感受一家人一起活动的乐趣,对于活动的结果我们并不是很在意。但是到了现场,特别是看到前面两组家庭的比赛过程,儿子忽然对我们说:"我们一起加油,争取取得前三名。"看到儿子对活动充满信心,我和他妈妈也不敢懈怠,在活动中全力与孩子做好配合。最后,我们取得了第二名的好成绩。原来,环境对激发一个人的竞争意识是很有帮助的,非常感谢这次活动的组织者,我今后一定会带孩子多参加这样的活动。

专家评析

"四足奔跑"游戏是在"两人三足行"的基础上进行拓展的一个活动,在做好相互配合的基础上增加难度,能更加考验一家三个人之间的协调能力。在游戏过程中,活动的技巧,相互的配合,良好的心理素质都会有所体现,特别是当家庭成员之间出现不和谐的状况时,如何进行协调?如何进行相互鼓励?如何克服遇到的困难?对每个人都是一种挑战。另外,如何激发孩子的竞争意识、合作意识,让孩子体会到游戏的意义和成功的快乐,是可以通过游戏体验而达成的,所以这是一个非常有价值的亲子游戏。

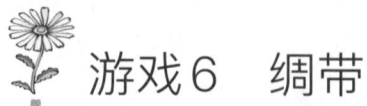 游戏6　绸带系臂

精句共读：浅水留不住大鱼，笼里养不出雄鹰。孩子有属于他自己的天地，别总在孩子的后面唠唠叨叨，他自己的路，终归得他自己走。

 **游戏目标**

1. 在游戏活动中发展孩子的动作能力和反应能力。
2. 通过活动，提高孩子的承受挫折和应对挫折的能力，形成良好的意志品质。
3. 通过活动，树立孩子正确面对竞争的压力，学会调节情绪。

 **游戏准备**

1. 游戏建议在室外进行，选择地面平坦不易滑倒的场地，总活动时间约30分钟。
2. 准备50厘米左右长的绸带，以容易绕着手臂打结为宜。

 **游戏步骤**

1. 活动带领者告知活动规则。

（1）通过抽签决定最先开始系绸带的两个人，然后其他人拉成一个圆圈，系绸带的两个人站在圆圈直径的两边，把绸带搭在站着的人的手臂上。

（2）两位负责系绸带的人同时出发，跑到对方的位置后把绸带系在站着之人的手臂上，打结方式自定。

（3）打好结后，马上跑到自己原来的位置把绸带解开，然后系到相邻的一个人的手臂上，系好之后快速跑到另一个人系绸带的位置，把绸带解开后再系到相邻的一个人的手臂上，如此反复。直到其中一个人在系好自己的绸带后，把还没有系好绸带的那个人抓住。这样，被抓住的人就被淘汰出局，只能站在边上看着其他人活动，直到这一局全部结束，才能参加下一局的活动。接着就是赢的人和被抓之人绸带没有系好的位置上的人开始比赛。

（4）如果在这个过程中，绸带在系的人离开后散开，所系的人可以返回系上，但是如果在这个过程中被抓了，就表示出局。如果绸带没有按照要求为相邻的手臂系，也属于违规，同样被淘汰。

（5）最后剩下的4个人就是本局的赢家，每个人都可以得到2分。

2.活动过程。

所有人同时参加这个游戏活动，整个活动可以根据实际情况进行三局，然后根据每组家庭的得分进行评比。

3.集体分享游戏活动的体会。

精彩片段

活动带领者上场介绍游戏规则。

大家好！欢迎到场的5组家庭，根据大家到达会场的时间顺序，已经给每个家庭标上了序号，分别是1～5号。今天要进行的是"绸带系臂"游戏。

这个游戏不仅考验每个人系绸带的技能，也考验每个人的体能。这个活动采取的是淘汰制，所以越到后面，人数越少，挑战将会越激烈，最后剩下的4个人就是今天游戏活动的赢家。今天一共要进行三局，现在先给大家5分钟时间练习系绸带。

现在开始进行第一局。

通过抽签，第一局中最先系绸带的是1号家庭的妈妈和5号家庭的爸爸，其他人都手拉手站成一个圆圈。活动正式开始，1号家庭的妈妈系绸带的速度非常快，几乎是在一秒钟完成，5号爸爸显然不是1号妈妈的对手，还没有系好，1号妈妈就已经跑到了他的身边，这一轮，5号爸爸被淘汰了。绸带是挂在4号妈妈手臂上，所以这一轮是1号妈妈和4号妈妈进行角逐。两位妈妈的实力相当，一连跑了好几圈都没有被抓住，正当大家觉得难分胜负的时候，发现4号妈妈在解绸带的时候感到非常困难，原来1号妈妈把绸带系的时候多系了一个结，这样，绸带要解开就不容易了，4号妈妈沉住气，用心尽力的努力，但结果还是没有解开，4号妈妈被淘汰出局了。这一次，绸带是系在5号孩子的手上，轮到5号孩子和1号妈妈开始角逐了。别看5号孩子年纪不大，但是她系绸带的技巧却非常熟练，跑得也快，可能是1号妈妈经历了两轮，确实有点累了，没有多久，她就败下阵来。5号孩子继续留在场上，下面和她角逐的是2号孩子。如此角逐，最后，这一局剩下的是1号爸爸、3号妈妈、4号孩子和2号妈妈，分别获得2分。

第二局中，最后剩下的是2号妈妈、5号孩子、3号孩子和4号妈妈。第三局中，最后剩下的是4号爸爸、3号妈妈、5号孩子、1号孩子。所以最终1号家庭、2号家庭和5号家庭各得4分，3号家庭和4号家庭分别获得了6分。

活动结束，4号家庭的孩子这样说：我觉得这个活动对于孩子来说是一个不小的挑战，因为要和爸爸妈妈们一起比赛，从体力上看我们肯定比不过他们，但我觉得我们不能因为体力的悬殊就放弃比赛或者就埋怨不公平，只要自己有信心，我们也有赢的机会，所以，我觉得做任何事情都不能总是往不好的方面想，要积极去面对，这样说不定机遇就在眼前了。

其他各组家庭的孩子进行分享。

活动带领者根据各组家庭的分享做出小结：非常感谢大家的参与和体会分享。在这个游戏中，大家肯定能感受到比赛的不公平性，特别是对孩子而言，与父母一同比赛，各方面能力的差距都不在同一个水平线上，但是，很多孩子不畏困难，勇于挑战，也取得了很好的成绩。在生活中，我们每个人一定也会遇到类似的处境，希望大家一定不要轻言放弃，相信只要努力，就有成功的可能！

游戏提示

1. 此游戏适合10～12岁孩子的家庭。

2. 活动带领者在带领过程中要根据每个家庭孩子的特点进行鼓励，但规则一定要强调，不能因为成员之间的区别就变动规则。

3. 可以为每一局中被淘汰的人多准备一些绸带，在被淘汰之后作为练习的工具。

家长感言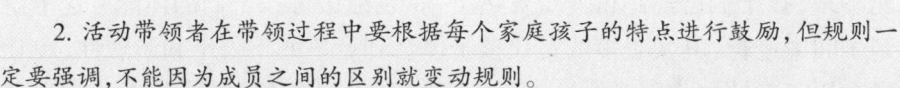

- 我家是女儿，她得知这个活动的规则后，她一开始是跃跃欲试，觉得自己一定是可以赢的，结果在游戏活动中，她每一次都是在第一轮中就被淘汰，我们很担心孩子的情绪会受到影响。没有想到的是，女儿虽然有点不开心，但她一直都在暗暗加强练习。在被淘汰后，她就找了一个同样被淘汰的人一起练习，回家后，她还让我们给她当"靶子"，继续练习。看到女儿这股韧劲，觉得这个游戏让我们重新认识了孩子，也相信孩子今后会更加优秀。

- 这个游戏看似很简单，但我觉得对孩子的影响和启发还是很大的。我家儿子的动手能力很弱，平时系鞋带都不利索，所以对他而言，挑战确实不小。在练习的时候，儿子就感到特别畏惧，后来，在我们的指导下虽然会系绸带了，但是动作非常慢。儿子练的一点信心都没有，想放弃了，不过在我们的一再鼓励下，他还是参加了。他的运气真不错，第一局中一次都没有轮到他系，意外地成了赢家。儿子总结自己的体会说：如果不参加，一定不会成为赢家，所以，不要过早下结论，不到最后绝不放弃。

- 这个游戏的最后赢家虽然带有偶然性，但是活动的过程我们觉得还是非常有趣的，我家女儿之前没有玩过这样的游戏，所以，活动时显得特别兴奋，一直在观察那些系绸带快的人，不断琢磨着那些技巧，而且可喜的是，我们发现女儿的学习能力真的非常强，她第一次参加，就抓住了两个人，最后还赢了一局。女儿因此也非常开心，她还把这个活动带到了学校，与孩子们玩得不亦乐乎。

专家评析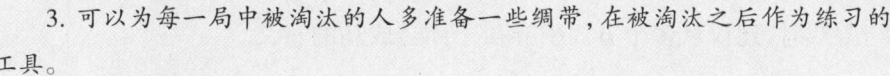

"绸带系臂"这个游戏是一个深受孩子们喜欢的传统活动，特别是在冬天，几轮下来，孩子们已经跑得浑身发热了，特别能锻炼孩子们的体能。这个游戏在亲子间中进行，其实更多的是让孩子体会到竞争的不公平和激烈性，也让孩子学会用正确的方式面对挫折，只要不放弃，一切皆有可能。家长在引导孩子参与游戏时，建议从多个方面引导孩子体会成功的意义。

游戏7　脚斗勇士

精句共读：竞争有利于人的成长。竞争的环境和行为无论对人们的智力、能力，还是个性品质都有积极的促进作用，是激发人们自我完善的动力。

游戏目标

1. 通过对抗搏击的活动，锻炼孩子的动态平衡能力和搏击的技巧。
2. 在游戏活动中培养孩子"敢于挑战对手、敢于挑战自我"的精神。
3. 通过游戏活动，提高亲子之间相互沟通的能力。

游戏准备

1. 游戏活动建议在室外进行，总活动时间约30分钟。
2. 在场地上划分出3个边长为3米的正方形场地，标上编号1、2、3。
3. 准备一个哨子，一块可移动的积分记录白板和若干白板笔。
4. 准备一些常用药品，以防摔倒之类的受伤情况。

 **游戏步骤**

1. 活动带领者告知游戏规则。

本次游戏活动采用的是积分制，游戏规则是一脚独立，另一脚用手扳成三角状，膝盖朝外，用膝盖去攻击对方，若对方在2分钟之内双脚落地，或者退出场地外，则赢得一局，胜利者取得2分，输者不得分。如果3分钟之内双方都没有脚落地或者退出场外，则为和局，双方均得1分。按照家庭成员的特点分为爸爸组、妈妈组、孩子组，每一组进行三局角斗，根据各个家庭成员的比赛情况，把家庭成员获得的所有积分相加，评出一、二、三等奖。

2. 活动过程。

整个游戏根据孩子的抽签决定活动对手，A组爸爸对战B组爸爸，A组妈妈对战B组妈妈，A组孩子对战B组孩子。第一轮为爸爸们的"脚斗"，第二轮为妈妈们的"脚斗"，第三轮为孩子们的"脚斗"，根据规则各组进行三次"脚斗"。

3. 集体分享活动的体会。

 **精彩片段**

活动带领者上场。

大家好！欢迎今天到场的6组家庭，今天将要进行的是非常有趣的"脚斗勇士"游戏，爸爸妈妈们会在游戏中回忆起自己童年的活动，相信在场的每个孩子都会喜欢这个游戏。首先有请孩子们到台前抽取自己家庭的活动编号，所有家庭分为两大组，即A组和B组，编号为A1、A2、A3和B1、B2、B3，请A组的家庭站在对应编号的场地左侧，B组家庭站在对应编号的场地右侧。现在我们有8分钟的练习时间，请各组的家庭成员自由寻找练习对象。请各家庭在练习时可以讨论一下，如何让孩子去面对有身高差距、性别差异的对手。

练习时间到！

下面进行正式"脚斗"比赛！现在我再强调一下，大家要注意安全，一定要秉承"友谊第一、比赛第二"的赛场风格！

首先请所有的爸爸们站到场地内，A1、B1家庭的爸爸站在1号场地，A2、B2

家庭的爸爸站在2号场地，A3、B3家庭的爸爸站在3号场地。爸爸们的比赛马上开始了，请所有爸爸单脚站立，脚斗开始！

A2家庭的爸爸首先冲向了B2家庭的爸爸，B2家庭的爸爸感觉还是一脸懵的状态，刚要反应过来，就被A2家庭的爸爸逼到了场地的边缘，为了稳住自己身体，一不留神，结果抬起的脚本能地落地了，第一局"脚斗"A2家庭取胜，得2分。在这一局"脚斗"中获得2分的还有B1、B3家庭，祝贺他们。接下来进行爸爸们剩下的第2次"脚斗"。

爸爸们的"脚斗"结束后，妈妈们上场，虽然是女子，但是感觉她们"巾帼不让须眉"，场上充满着硝烟味。

爸爸妈妈的"脚斗"结束后，场上的比分分别是A1家庭7分，A2家庭4分，A3家庭5分，B1家庭5分，B2家庭8分，B3家庭7分。

最受爸爸妈妈关注的孩子们的"脚斗"开始了，B3家庭的孩子是女孩，在她面对A3家庭的男生时，显得有点胆怯，一上场就被男生用抬起脚的膝盖攻击后退出场地了，第一次虽然失败了，可她并没有气馁，还是勇敢地又站在了场地上。B1家庭的孩子也是女孩，但是她的气势非常猛，面对男生，她毫不胆怯，迎头斗上，逼得男生连连后退。最后，经过3局的较量，B1家庭的女生赢了两局，平了一局，一共得了5分，总分超越了A1家庭。

经过所有家庭成员的"脚斗"，最后B3家庭的分数最高得11分，获得一等奖。B1、A2家庭获得二等奖，A1、A3、B2家庭获得三等奖。下面有请获得一等奖的B3家庭中的小女孩发表获奖感言。

B3家庭的女孩说道：一开始，我感到有点害怕，因为对方是男生，我觉得他的力气一定会很大，所以第一局我没有主动攻击的想法，结果一下子就被他挤出了场外。后来，我觉得他看我是女生，也不让我，还这么猛烈攻击我，我不能被动地被他欺负，所以，我要找准机会向他攻击，也许是他大意了，所以我赢了一局。最后一局我趁他不注意的时候，用膝盖把他抬着的脚往上挑，他失去平衡后就不得不把脚放下了，于是我就赢了。所以我觉得这个活动不仅要有力气，更要有技巧，我非常喜欢这样富有挑战的活动。

其他各组家庭的孩子进行分享。

活动带领者根据各组家庭的分享做出小结：非常感谢大家的分享，在这个游戏活动中，不仅让我们看到了各位家庭成员间的积极配合，也感受到了孩子们的竞争意识，每个孩子都非常优秀，在困难面前没有示弱。同时，我也感觉到，孩子们的学习能力非常强，经过父母的指导，很快就学会了"脚斗勇士"游戏的技巧，期待着孩子们能在未来的学习和生活中学有更多的技能，去解决遇到各种问题。

游戏提示

1. 此游戏适合8～12岁孩子的家庭。

2. 在游戏中有家长可能会提出有关孩子身高、性别不同等引起的不公平竞赛问题，可以告知家长，我们的活动主要是重在参与和体验，如果碰到这些问题可以借此鼓励孩子要有勇于挑战的精神。

3. 在游戏活动中，孩子之间的较量是重点，在这个环节，可以让家长在上场前多给孩子传授一些游戏技巧，让孩子多体验游戏带来的乐趣。

家长感言

- 我家儿子对这个游戏十分感兴趣，之前他没有接触过这种玩法，所以在看到我和他爸爸都进行了"脚斗"后，表示自己一定要赢对方。看到儿子有这样的决心，我为儿子感到高兴，但是事实并非如此。儿子在三局的较量中，只赢了一次，看到他垂头丧气的样子，我赶快安慰他，鼓励他可以下次再比，但是感觉儿子好像难以接受这个事实。然而，在分享的时候，儿子却让我刮目相看，他说，他这次失败的原因是太轻敌了，没有想到对方这么厉害，他决定好好反思，争取今后把这个游戏玩得更好。从他的发言中，让我看到了一个善于分析问题，有悟性的儿子，相信他以后会越来越棒的。

- 我家女儿比较瘦小，但是在这次的游戏活动中，我深深地体会到女儿内心的那股要强的劲儿。原来我们认为瘦小的女儿在这样的活动中会吃亏，能够有勇气参与就非常好了，但女儿却毫不畏惧，通过琢磨技巧，她在赛前练习的时候就不断地去观察他人"脚斗"时的方式，然后总结经验并与我们分享。为我和她妈妈在"脚斗"时获得胜利起到了作用。另外，她与一位男生进行"脚斗"时，采用的是巧劲智斗，虽然男生比她力气大，但还是她多赢了一局。从这个游戏活动中，我感受到女儿的优秀之处，希望女儿能一直保持这种状态，在她未来的人生路上勇往直前。

● 在这个游戏活动中，一家人都受益匪浅。我和她妈妈已经很久没有运动了，我们俩不仅一上场就被对方击倒，到了第三局，还都气喘吁吁了，结果我们两个人一分都没有得到。儿子看到我们的表现后，表示深深不满，不停嘱咐我们今后要多运动。幸亏儿子的身体还是非常灵巧，他为我们家庭赢得了好几分。从这个游戏中，我们感到确实要听儿子的建议，今后多进行身体的锻炼。

专家评析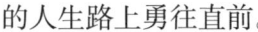

"脚斗勇士"这个游戏在南方也叫"斗鸡"，是孩子们在冬天玩的一种游戏，这种游戏能在冬天里暖和身子。此外，在很多地方，也把这游戏叫"撞拐子"，是中国几代人的游戏项目，位列中国"十大经典游戏"之首。现在也有专门研究"脚斗士"游戏的机构，不少学校也把这个游戏用到了学生的课间操活动中。游戏本来是在同龄学生之间进行，相对来说他们的体力，身高都差不多，现在把"脚斗勇士"游戏融入到亲子活动中，孩子面临最大的挑战是因为家庭的对战是随机组合的，所以会存在类似男孩和女孩之间力量的悬殊情况，在面对不公平的情形时，既需要各个家庭之间智慧地面对挑战，更需要家长让孩子懂得接受客观现实，合理地分析胜利与失败的原因。最为重要的是，孩子在面对挫折时能否有战胜困难的决心和勇气，这对孩子的成长非常有帮助，家长可以从这方面多了解孩子的心理状况，引导孩子正确面对和有效处理问题，帮助孩子健康成长。

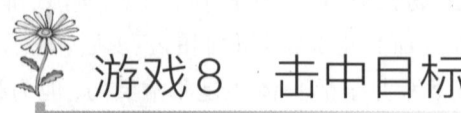
游戏8　击中目标

精句共读：陪伴既是陪伴孩子享受成功，也是陪伴孩子面对失败。当孩子跌倒时，需要让他跌得有尊严；当孩子坠入低谷时，需要鼓励他有勇气提灯前行。

游戏目标

1. 通过游戏活动，提高孩子身体的灵敏度和手臂力量。
2. 在游戏体验中培养孩子的应变能力和耐挫能力。

游戏准备

1. 游戏建议在室外进行，选择地面平坦不易滑倒的场地，场地大小以6～8米为边长的正方形，或根据参加人数和实际情况而定，总活动时间约30分钟。
2. 根据参加活动的家庭人数，准备若干个沙包。

游戏步骤

1. 活动带领者告知活动规则。

（1）"击中目标"活动分为两个阵营，一部分人在场地外，用沙包去击中场内人；另一部分人在场地中间，通过躲避等方式力求不被击中。如果被沙包击中，这个人就被淘汰出局，如果场内的人用手接住沙包，则可以继续活动。

（2）3分钟之后，按照被沙包击中人数的多少计分，家长每人计2分，孩子每人计1分。最后根据各个家庭的得分评出一、二、三等奖。

（3）如果场内的人抓住沙包的同时被击中或者跑出场地外，都视为被淘汰。

2. 活动过程。

（1）各组家庭的孩子抽签决定每个家庭参加游戏活动的顺序。

（2）根据抽签的顺序进行活动，每组活动时间均为3分钟。

（3）统计每组家庭的得分并进行评比。

3. 集体分享游戏活动的体会。

精彩片段

活动带领者上场。

大家好！欢迎今天到场的6组家庭。根据大家到达会场的时间先后，我们已经给每个家庭标上了序号，分别是1~6，请大家把自己家庭的号码都贴在手臂上。今天将要进行是"击中目标"游戏。

这个游戏的规则非常简单，每个家庭根据孩子们抽签的顺序决定活动的出场顺序。轮到"丢沙包"的家庭站在现在场地的外面，其他所有家长和孩子都站在这个正方形的场地中。活动开始后，场外的家庭成员将向场内的人丢沙包，如果被沙包击中，就表示被淘汰，需要站到场外。最后，按照被击中人数算得分，评出获胜等级。

现在，请各家庭的孩子到台前抽签。根据孩子们的抽签，3号家庭最先到场外丢沙包，然后分别是2号、5号、1号、6号、4号家庭。

第一轮活动马上开始了，请3号家庭的成员站到场地外面，你们可以分别站在三个角上，或站成一排，也可以按照你们自己的想法移动位置，但是一定不能跑到场地内。温馨提醒一下，无论是场内还是场外的家庭，一定要注意安全，特别是场内的各位家长和孩子，因为人比较多，所以在跑的过程中不要相互碰

撞,要安全第一。

3号家庭的成员商量过后,决定站在场外的三个角上,这样,可以多方位地把沙包丢到场内人的身上。场内的人看到他们站在三个角上,都跑到了另外一个角上,没有想到这个地方虽然不会背后受敌,但是大家集中在一起,是非常危险的。3号家庭看到他们都在一个地方,就毫不犹豫地把沙包全部往一个方向丢。因为大家都在一起,看到沙包丢过来,眼看就要被丢到沙包的人便本能地往后退,结果,其他人也相应地往后退,站在最后面的2号家庭的爸爸就没那么幸运,虽然没有被沙包丢到,却不小心退出了场地,按照规则,直接被淘汰了。大家看到这个方法很有风险,于是马上改变策略,分散到各个地方。因为大家的分开,所以就会接近丢沙包的人,一不小心,5号妈妈被击中了,另一边的6号孩子也被击中了,一阵狂丢,4号爸爸、1号妈妈、2号妈妈、5号孩子相继被击中。这时场地上剩下的人少了将近一半,由于人变少,场地显得比较空旷,3号家庭决定还是站到三个角上进行进攻。场内的人看到这个阵势,不再是挤在一堆,他们分散地站在了各个地方,眼观六路,耳听八方地观察沙包过来的方向。因为毕竟有三个方向的一齐攻击,还是有人顾此失彼被击中,1号爸爸和1号孩子同时被击中,被淘汰出局了。场上现在只剩下6个人了,但是时间也马上到了,在最后30秒内,3号家庭又开始猛烈攻击,对准一个人就快速地把沙包丢过去,最后一刻,5号家庭的妈妈不幸被击中,他们一家全军覆没。这一轮,3号家庭共击中7个大人和3个小孩共计17分。

轮到2号家庭丢沙包了,他们的战术和3号家庭不一样,他们采用的是运动战术,打一"枪"换一个地方。果然,这个战术让2号家庭很快就击中了5个大人和2个小孩,最后,2号家庭在3分钟之内击中8个大人和3个小孩,总获19分。

3个家庭活动结束后,场内场外的人都累出了一身汗,全体休息5分钟之后,另外3个家庭也完成了挑战。

按照挑战规则,6号家庭最终以22分获得了一等奖,2号和3号家庭获得了二等奖,1号、4号、5号家庭获得了三等奖。

游戏活动结束,获得一等奖的6号家庭孩子说:我觉得,能在这个活动中获胜,与我们一家人的相互配合离不开,我和我爸爸妈妈都是在打组合拳,我和妈妈配合的时候,爸爸先将沙包丢到人群中,吸引他们的注意力,当他们开始散开时,我和妈妈就看准后背对着我们的人,这样,打得他们措手不及,在我和爸爸配合的时候,妈妈就是那个"诱敌"的人。这个战术非常有效,3分钟之内,被我们击中的几乎都是背对着我们的人。从这个活动中,让我深深感受到做任何事情都是讲技巧的,只要我们掌握技巧,一定会事半功倍。

其他各组家庭的孩子进行分享。

活动带领者根据各组家庭的分享做出小结:刚才大家的分享都非常好,无论是获得一等奖的家庭还是战绩稍微低一点的家庭。在这个活动中,我们更看重的是活动的过程,如你们是否去思考,去调整,去协商,去全力完成。在活动中,我看到有的孩子因为总是被击到,就有点懈怠,甚至就不做任何的防范,觉得怎么做都会被击中。这样的孩子,你是否想到,虽然你被击中,但是每次击中的时间不一样,如果你在上一场是1分钟之内被击中,这一场是在2分钟之内被击中,这样也代表你进步了。所以,各位家长和孩子,游戏本身简单有趣,但也包含着人生的哲理,希望所有的人都能从中得到启发,让自己的生活变得更加美好。

游戏提示

1. 此游戏适合8～12岁孩子的家庭。
2. 活动带领者在强调安全的时候一定要告知不能用沙包攻击场内人的头和脸。
3. 可以在分享交流的环节中多交流一些丢沙包的技巧。

家长感言

- 我家儿子12岁,正是非常好动的年纪,这个游戏对他来说非常适合。在游戏活动中,儿子如鱼得水,身体的灵活度让我和他爸爸刮目相看,几场活动下来,他几乎没有被淘汰过,这样的能力确实不多见。而且,我们还感觉到儿子特别有想法,轮到我们攻击的时候,他全场指导我们的站位和时间战术。平时,儿子因为好动,我们都没有关注他真实的想法,总认为是孩子太调皮了,所以都忽略了他的意见。这一次,他在活动中的表现让我们感动非常惊讶,今后,我们要争取多听孩子的想法,让孩子尽情地发挥他的聪明才智。

- 我们家是女孩子,通过这个游戏,我觉得挫折教育非常重要。因为女孩子本来就力气小,而且丢沙包的时候速度不会很快,3分钟的活动时间,我家女儿拿着沙包,一个人都没有被击中。有一次,她把沙包丢向了一个比她还矮小的女孩子,可是那个女孩子居然用手接住了沙包,这让她的内心非常受挫,开始怀疑自己的能力,甚至都不再向场内的人丢沙包了。这时,她爸爸站到了女儿身边,然后与我打配合,指导女儿向场内人丢沙包,虽然她的沙包没有击中他人,但是她看到爸爸的沙包已经击中人了,觉得这个方法还是可行的。回家之后,我们在家中也再次进行了这个活动,故意让女儿击中,让她感受到了努力后的成就感。

- 在"击中目标"的游戏中,我们一家人非常配合,特别是儿子和我,在丢沙包的过程中,我们往同一个目标攻击,有时是我先丢出,然后他马上跟进,有时是儿子先丢出,我会马上跟进,只要被我们盯上的人,基本上都会被我们击中。在现场,我们的组合还被其他人称赞为"上阵父子兵",听到这样的赞誉,我们感到非常开心,我和儿子之间的感情也加深了很多。

专家评析

"击中目标"是我国的一项民间传统游戏,也是一种比较热闹的活动。此游戏不仅能锻炼人体的肌肉,还能训练手眼的协调,培养敏捷的反应能力。把这个游戏放入亲子活动中,目的是让家人在这个游戏过程中能做到相互配合,找到技巧,并能在活动中获得成就感。就游戏本身而言,活动不仅有利于调节人的紧张情绪,改善心理状态,还能激发人的积极性、创造性和主动性。

游戏9　腿编花篮

精句共读：父母是孩子最好的老师，父母的言传身教、一举一动都影响着孩子的成长。培养好自己的孩子，对每一个父母来说都需要付出专注的努力。

游戏目标

1. 在游戏中锻炼孩子单腿站立、单脚跳跃的能力。
2. 通过游戏活动，培养孩子互相协调、团结友爱的精神。
3. 通过活动的竞技，树立孩子不畏艰难和努力竞争的意识。

游戏准备

1. 游戏的场地建议在室外，草坪上或者橡胶地面最为合适。
2. 总活动时间根据实际需要确定。

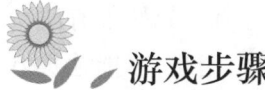
游戏步骤

1. 活动带领者告知活动规则。

（1）准备活动。所有参与者围成一圈，其中一名参与者将自己的一条腿放在旁边两个人的手上，单腿站立。然后，参与者按照顺时针或者逆时针方向站立，手搭在前一人的肩上，将自己的一条腿放在另一个人的腿上，最先放在旁边两个人手上的参与者的腿放在最后一名伙伴的腿上。所有人将腿搭好后，自然就成一个圆圈，靠外侧的另一只手叉着腰。

（2）开始活动。所有人单脚站立后，一起说："编，编，编花篮，花篮里面有小孩，蹲下去，起不来。"做蹲下去的动作，起来后，开始单腿绕圈跳着唱："一五六，一五七，一八、一九、二十一、二五六、二五七、二八、二九、三十一……九五六、九五七、九八、九九、一百零一。"数到一百零一时，活动挑战成功。

（3）挑战规则。在活动过程中，如果有人的腿从"花篮"中滑落下来，代表挑战失败，要重新编好"花篮"，直到挑战成功。

2.活动过程。

游戏活动一共进行了3次挑战，分为爸爸组、妈妈组和孩子组，挑战的顺序根据3组的代表抽签决定，挑战成功后才能休息。

3.集体分享活动的体会。

 精彩片段

活动带领者上场。

大家好！欢迎到场的6组家庭，今天我们将在这里进行一场挑战活动，挑战的名称为"腿编花篮"。根据刚才的抽签，妈妈组最先挑战，然后是孩子组，最后是爸爸组。这个活动考验的是每个人的柔韧性和腿部力量，大家在活动之前要尽量做好热身运动，以防在活动中出现脚部抽筋现象。

现在所有人可以在原地进行腿部拉伸运动，5分钟之后，所有的妈妈们到场地中间，其他人坐在场地外为她们加油。

妈妈们的挑战开始了，显然，妈妈们的柔韧性是非常不错的，不费吹灰之力就编好了"花篮"。单脚站立后，需要一起蹲下一次，这时，有个妈妈没有注意到这个节奏，在其他妈妈们都蹲下后，她没有反应过来，一个趔趄，本能地身体就往圈外倒下，因为只有一侧用力，整个"花篮"出现了倾斜，一下子"花篮"就散开了，妈妈们的第一次挑战失败。根据规则，挑战失败后要重新从编"花篮"

开始。妈妈们很快又一次编好了"花篮",这一次全体蹲下后没有再出现意外,妈妈们全体站起后就开始唱着规定的歌曲开始转圈。很快,她们就唱到了"一百零一",活动挑战成功!妈妈们开心地放下"编"着的腿,相互拥抱在了一起。

轮到孩子们挑战了。孩子们的挑战比较艰难,有的孩子把脚搭到其他人的腿上时,由于重心不稳,"花篮"很快就散了,孩子们编"花篮"也花了很长时间,最后在一位孩子的指挥下,"花篮"终于编成。经过编"花篮"的过程,孩子们比之前多了很多合作,在蹲下的时候,有的孩子明显坚持不住,但还是咬牙撑住,在唱着歌转圈的时候,有个孩子比较胖,脸上很快就渗出了汗珠,嘴里也在不断喘气,到"五五一,五五二……"的时候,他实在跳不动了,把脚一抽,他就瘫在了地上,随即,其他孩子也都坐了下来。这一次的挑战又失败了!几个孩子叽叽喳喳地说着话,有孩子流露出不想再挑战的想法,但也有的孩子表示一定要完成。按照规则,家长不能到场地内与孩子商量最后的决定。活动带领者在孩子们稍许休息后,征求孩子们的意见,确定要重新挑战。于是,所有的孩子重新开始编"花篮",然后按照要求进行挑战。因为有了多次的尝试,这一次,孩子们还是比较顺利,虽然中间有差点失败的情况,但是在所有孩子的努力和坚持下,最终挑战成功了!所有的孩子都激动得抱在了一起,确实这场挑战对孩子来说不容易。

最后,爸爸们开始挑战,很明显爸爸们的柔韧性没有妈妈们好,虽然编成的"花篮"不是很标准,但是整个过程还算顺利,居然一次就挑战成功。

整个挑战全部结束,所有的家庭成员围坐成一个圆圈进行活动的感悟交流。

有个女孩子这样说:我边上一个孩子把脚刚搭在我的腿上时,我觉得非常重,我就想,还有那么多人把脚搭上来,这样我还能站得住吗?结果发现,在真正编好"花篮"之后,我的腿并没有因为这么多人搭着变得更重,反而还比较轻松。所以我想,这个现象是不是就是我们经常说的"团结就是力量"。从这个游戏中,让我感受到了,有些事情看着好像很困难,真正去实践了,也没有想象的那么难。

其他各组家庭的孩子进行分享。

活动带领者根据各组家庭的分享做出小结:孩子们的分享都很有自己的想法,这个游戏对于孩子的考验是体能和毅力。有些孩子因为很少单脚独立跳过很久时间,而这个游戏,至少要单脚转圈跳1分钟以上,并且是和大家一起跳,因

此对孩子体能的考验非常大。家长们在跳的时候肯定也都感觉到有些吃力,所以孩子要完成这个挑战,就需要有更强的意志力。值得高兴的是,今天所有的孩子都有集体主义精神,虽然经历的时间比较久,但是最终大家还是合力完成了挑战,值得点赞!

游戏提示

1. 此游戏适合8～12岁孩子的家庭。

2. 本项活动的人数不能太少,至少要有3组家庭以上,但是也不能太多,最多只能8组家庭参与,否则人太多,不容易统一行动,如果家庭再多,就需要分批进行。

3. 在游戏活动中,总会有一些孩子因为各种原因,出现不想继续参加活动的想法,这时候家长尽量不要去干预孩子的想法,让孩子们之间共同商量,有利于促进孩子的沟通和交流能力。

家长感言

- 这个游戏对我和儿子影响很大,我平时不爱动,整个身体都已经感觉僵硬了,让我把脚搭在别人的脚上,我费了很大力才抬起来,虽然搭上了,但是整只脚都是直的,所以我们组编的"花篮"就像是缺了一个口子。没转一圈,我的腿就从"花篮"中滑落下来了,整个团队因为我只能重新开始,第二次还是因为我没有搭好,又从头开始。虽然最终我们挑战成功,但是我觉得,如果我平时加强锻炼,整个活动就会早点挑战成功。我家儿子也不爱运动,所以他在挑战的时候,总是把脚掉下来,整个组也是挑战了好几次才成功。回家后,我一定要带着儿子多进行体育锻炼,给孩子做好榜样。

- 我家女儿比较内向,平时也不爱说话,一开始,在这个游戏中,她基本上都是其他人怎么说,她就怎么做。但是,让我比较感动的是,她看到有一个小伙伴总是失败,生气地坐在场地边上不想参加了。女儿看见后,就走到她边上陪着她,然后还和那个小伙伴说了什么,没有想到,一会儿那个孩子居然站了起来,拉着我女儿的手又加入了队伍。之前,我们总认为女儿与同学之间的交往不够，担心她一个人在外面没有朋友，通过今天的游戏活动，我们看到女儿虽然不是那种"自来熟"的人，但是她也有自己的交往方式。

● 这次的游戏活动，让我感触最深的是看到了我家儿子的领导能力。他们这个组一共有6个小伙伴参加，但一开始编的"花篮"让人非常无语，一会儿这个小伙伴的脚滑落下来，一会儿那个小伙伴的脚又不知道怎么搭，我们家长又不能去帮忙，只能干着急。这时，我家儿子居然主动站了出来，他先帮助其他小伙伴把脚都搭在别人的腿上，等他们站稳之后，他站到缺口处，然后让大家慢慢移动成一个圆圈，最后他再把自己的脚搭到边上小伙伴的腿上，把最前面一个小伙伴的脚放到他腿上，然后由他喊着口令，不断地激励大家，终于他们在较快的时间内完成了挑战。我感觉到儿子有很好的领导协作能力，这一点让我们感到非常欣慰。

专家评析

"腿编花篮"游戏可以很好地提高与同伴之间相互配合的能力，还可以锻炼一个人的平衡能力和协调能力。非常适合在秋冬天玩，会快速让身体增加热量。亲子活动中做这个游戏，不仅可以让孩子对游戏有比较全面的了解，而更重要的是可以通过游戏，提高孩子之间的沟通能力。这个游戏看似简单，但是要真正做好需要多方面的能力，特别需要有能力的孩子进行组织，家长也可以通过观察，了解孩子的性格特点，然后进行合理的引导，让孩子成为一个自信而又阳光的人。

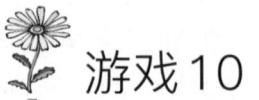

游戏10　争座夺位

精句共读：俗话说"性格决定命运"。一个人是否成功和幸福取决于他是否具有良好的性格。在孩子的成长过程中，家长要把培养孩子良好的性格放在非常重要的位置。

游戏目标

1. 通过游戏培养孩子的专注力、观察力、快速反应能力和体能运动能力。
2. 培养孩子的合作意识、竞争意识，体验活动带来的挑战和快乐。

游戏准备

1. 游戏的场地室内、室外都可以，活动时间建议30分钟。
2. 为每个参与者准备一张凳子。
3. 准备一个小鼓和计分用的白板。

游戏步骤

1. 活动带领者告知活动规则。

（1）将凳子围成一个圆圈，所有人围着凳子也站成一个圆圈，凳子的数量比总人数少一张。

（2）击鼓者背对着大家开始击鼓，所有人围着凳子开始朝同一方向转圈，鼓声停止，大家就争坐位子。因为差一张凳子，所以会有一人无法坐到凳子上，没坐到凳子者就被淘汰。

（3）淘汰者下场时，撤下一张凳子，活动继续进行，如此反复，直到最后剩下两个人。

（4）比赛一共进行四轮，在前三轮的各组比赛时，第一次抢到位子的人得1分，第二次得2分，第三次得3分，第四次得4分。每组中剩下的两位参加最后一轮的比赛。在最后一轮比赛中，第一次抢到位子的得5分，第二次得6分，第三次得7分，第四次得8分，第五次得9分，最后一次得10分，最后根据家庭成员所得分数相加后的总分，产生一、二、三等奖。

2. 活动过程。

游戏活动一共进行四轮。前面三轮分别是爸爸组、妈妈组、孩子组的较量，第四轮是由各组中最后剩下的两个人组队进行比赛，他们分别是两位爸爸、两位妈妈和两位孩子。

3. 集体分享活动的体会。

精彩片段

活动带领者上场。

大家好！今天参加活动的一共有6组家庭，根据大家之前的抽签，确定了1到6号家庭的编号，同时我们还产生了3位击鼓手，分别是2号爸爸、5号妈妈、1号孩子，他们将分别担任妈妈组、孩子组、爸爸组的击鼓者。

今天将要进行的是"争座夺位"的游戏，击鼓声音结束就开始争抢座位，未抢到座位者为淘汰者。活动一共分4轮进行，前面三轮的参加者分别为各家庭的爸爸、妈妈和孩子，最后一轮是由爸爸、妈妈、孩子组内最后两名获胜者组合的挑战。希望大家能在这个游戏中既找到快乐又收获友谊。

现在活动准备开始。

首先上场的爸爸组，爸爸们每人把一张凳子带到场地的中间，其中2号爸

爸不用带。这样，场地上只有5张凳子，但有6个人要抢坐。1号家庭孩子担任爸爸组比赛的击鼓手。鼓声响起，爸爸们开始绕着凳子转圈，忽然，鼓声消失，5个家长一下子就坐到了凳子上。3号爸爸显然被惊呆了，他好像还没有反应过来，一脸懵地站着，大家不禁哈哈大笑了起来。3号爸爸不好意思地摸了摸头准备走出场地，忽然想起还要带一张凳子下去，又跑上来带走了一张凳子。现在场上剩下4张凳子和5位爸爸。击鼓声又响起了，这一次，是5号爸爸被淘汰了，最后，爸爸组剩下了2号和6号家庭的爸爸留在场上。

　　妈妈组的活动开始了，由2号爸爸负责击鼓。妈妈们有了前面爸爸组活动的经验，击鼓声一响起，大家的注意力都很集中，鼓声一停，大家都不约而同地往凳子上坐，但是确实凳子少一张，1号妈妈还是因为坐的地方比较少，被挤了出来，她非常无奈地离开了场地。剩下的妈妈继续活动着，这一次，最后留下的是3号和5号家庭的妈妈。

　　轮到孩子组活动了，有几个孩子已经迫不及待要上场了，快速地把凳子放到中间后就严阵以待了。击鼓声响起，孩子们开始绕着凳子转动起来，有两个孩子还跑了起来，生怕被前面的人抢坐了凳子。这一次，鼓声好像比较长，孩子们几次想坐下，但鼓声还是没有停。在大家好像都快忘记自己的任务时，鼓声忽然停下了，反应快的孩子赶紧去争坐凳子，一不留神，3号家庭的小姑娘没有抢到，她嘟着嘴很不情愿地离开了场地。剩下的孩子继续活动，经过一次次的淘汰后，最后剩下了4号和6号家庭的孩子。

　　最激烈的第四轮活动开始了，2号和6号家庭的爸爸，3号和5号家庭的妈妈，4号和6号家庭的孩子，共有6个人进行最后的决战。场上有孩子，有家长，战绩将会如何呢？1号家庭的孩子自告奋勇负责再次击鼓，鼓声响起。6个人围着凳子转圈，鼓声突然停止，大家纷纷去抢坐凳子，两个孩子显然身体比较灵巧，一个箭步就坐到了凳子上，5号家庭的妈妈首先败下阵来。最后，4号家庭的孩子获得了全场的冠军，他一个人就得了10分。

　　通过四轮的活动，6号家庭获得了一等奖，3号和4号家庭获得了二等奖，1号、2号、5号家庭获得了三等奖。

　　整个活动结束后，所有的家庭成员围坐成一个圆圈进行活动的感悟交流。

　　6号家庭的孩子说：这个游戏让我真正感受到了什么是专心致志和眼疾手快，在最后的一轮活动中，我从一开始就全身心地做好了准备，仔细听着鼓声，然后时刻让自己保持与凳子的最佳距离，只要鼓声一停，我就飞速地把身体往凳子上靠。有一次，我刚把身体坐在了凳子上，一位爸爸一不留心就坐到了我的腿上，引来大家的笑声。我能感受到自己的速度确实非常快，这种体验也让我感觉到了胜利的喜悦。

其他各组家庭的孩子也进行了分享。

活动带领者根据各组家庭的分享做出小结：这个游戏虽然最后分出了不同奖项，但是我觉得刚才孩子们说得很好，输赢不是重点，主要是体会到了活动的氛围和乐趣。在学习和生活中，我们也会经历很多次的竞争，在每一次的竞争中总是会有先后，但最主要的是享受这个过程，在过程中体会感悟和成长。

游戏提示

1. 此游戏适合8～12岁孩子的家庭。
2. 游戏中凳子的摆放有要求，凳子间距不能太宽，不然容易出现两人共坐一张凳子的情况。
3. 游戏的目的是让家人一起体会自己的应变能力，活动带领者要引导大家安全第一，重在参与。

家长感言

- 在活动中，我觉得最大的收获是让孩子学会了冷静思考。游戏一定会产生先后的顺序，每一次都会有人被淘汰，有些人会因为被淘汰了就不开心。但我家孩子给我们的感觉是，他没有因为我们很早被淘汰而难过，反而在看到我们得分很少的时候，他开始思考如何取胜，他做出的决策让他一直保持抢到凳子的状态。最后进入决赛后，要和家长一起比赛，他也是思考了自身的优势，利用自己个子小，身体灵活的特点取得了最后胜利。我觉得，孩子能独立思考这是非常好的一个品质，希望他能发扬下去，争取做得更好。

- 在整个游戏活动中，我们家是排在最后一名，按理说，孩子看到这样的成绩一定会不高兴，但是我家女儿却开始反思这次失败的原因，听她的分析，有板有眼，觉得这个简单的游戏蕴含着深刻的哲理。事后，她把这次活动写成了作文，因为有亲身经历，所以写得非常生动，被老师当作范文在班上交流。我觉得，孩子需要多参加这种类似的活动，这对提高孩子的反思能力和丰富孩子的生活经历都很有帮助。

- 我家是儿子，在整个游戏活动中，令我特别感动的是，我发现儿子虽然年纪小，但是已经有了"绅士"风度。他的好胜心比较强，其实他是非常想在活动中获得最后的胜利的，因为在之前的活动中，他总是努力让自己进入到最后的比赛。当时场上还有一位女生，在最后一次的比赛中，儿子是排在这个女孩的后面，在一次鼓声停止后，女孩子和他都快速地坐到了同一张凳子上，虽然大家看到的是我家儿子坐的更多一点，但是我家儿子发现两个人同坐一张凳子上时，就马上站了起来，把机会让给了女孩。这件事情让我觉得儿子是具有谦让之心的。

专家评析

"争座夺位"也叫"抢凳子"，是一个非常经典的互动游戏。简单、好玩、刺激，适合作为团队破冰活动及各种类型的联欢会和企业年会游戏。把这个游戏列入亲子活动中，除了让所有人感受到竞争的快乐之外，还要让孩子学会面对淘汰的思考，以及挑战困难的毅力和接受挫折的勇气。任何一个活动都需要技巧，"争座夺位"游戏也是如此。在游戏中家长可以进行适当的引导，让孩子学会观察和冷静分析，如果失败了也不用灰心，可以趁机仔细观察其他人的游戏策略，学习后为自己所用。

第三章　领悟合作之美
　　　　　增强孩子技能

　　现代社会是一个充满竞争的社会,但在竞争的同时,又需要通力合作。亲子间的合作是孩子接触到的第一种合作方式。在本章中,每个游戏都强化了合作的意识,便于更好地培养孩子的团队精神。亲子间有分工合作,各家庭间有竞争激励,游戏过程体现了孩子们接纳、尊重、团结、友爱的个性品质。这些品质,正是一个身心健全之人的基本素养。在人与人的交往中,不仅可以通过游戏增强彼此的交流,也可以通过分享促进情感的内化,游戏体验能满足孩子自我实现的需要。

 游戏1　蜗牛赛行

精句共读：牵着蜗牛去散步，你不能走得太快，更不能吓唬它、责备它，因为蜗牛已经很尽力了。

1. 通过游戏，帮助孩子了解蜗牛的习性，寻找蜗牛爬行的方式。
2. 在游戏活动中，激发孩子的探索性和专注力，培养孩子的观察力。
3. 通过游戏活动，提高家长对孩子的接纳性和陪伴孩子的忍耐力。

1. 游戏在室内外进行都可以，总活动时间约20分钟。
2. 准备比赛用的长桌子和赛道（长叶子）。
3. 准备多只小蜗牛。

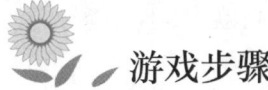

1. 活动带领者告知游戏规则。

（1）观察蜗牛说出特点。孩子与家长围观蜗牛，共同讨论决定选取一只蜗牛，放到指定的位置进行观察，并进行交流讨论。

（2）进行两轮蜗牛爬行比赛。第一轮比赛不可以用任何物品干扰蜗牛，看蜗牛爬行的距离。第二轮可以采用合适的方式诱导蜗牛前行，但是不可以用手抓着往前。

（3）最后，把两轮蜗牛爬行的距离相加，根据距离的长短评出奖项。

2. 游戏过程。

（1）观察蜗牛。

（2）蜗牛比赛。

第一轮比赛：让孩子把小蜗牛放在绿色赛道的起点，看看哪家的小蜗牛爬得快。根据比赛结果，展开亲子交流：对小蜗牛爬行结果是否满意？在小蜗牛爬行的过程中，你的心情如何？采取了哪些方法？如果再进行一次比赛，我们应该怎么做？

第二轮比赛：家长与孩子一起，把小蜗牛重新放到绿色赛道的起点，采取哪些办法让小蜗牛爬得快一些？比赛结束后，亲子再进行交流，在我们的努力下，小蜗牛爬得快了，还是更慢，为什么？

3. 根据比赛结果以两次蜗牛爬行的总路程最长者为胜。

4. 全体分享活动的体会。

精彩片段

活动带领者事先准备好各种道具，包括若干蜗牛、长叶子等。

大家好！今天我们来做一个"蜗牛赛行"的有趣游戏。游戏分为两个阶段，第一个阶段是观察蜗牛，观察时间为3分钟。

第二个阶段为蜗牛爬行的比赛，分为两轮，各为5分钟的时间。现在我们进行第一轮比赛，请孩子们到前面抽取蜗牛比赛的赛道，然后把它放到桌子上的"跑道"内，爸爸妈妈只能站在孩子的后面或者边上，只可观察，不可指导，更不能替代孩子参加比赛。

孩子们通过抽签确定各自的跑道，把蜗牛放在了起跑线上，等待着开始。随后一声令下，各自的蜗牛在赛道上开始爬行。2分钟之后，非常明显，有的蜗牛在起点一动不动,有的蜗牛已经慢慢往前爬,孩子们一开始不断鼓励蜗牛,可是,有的蜗牛无论孩子怎么喊叫,就是无动于衷,孩子急得满头大汗……终于时间到了,第一轮的比赛结束。根据蜗牛爬行的路程,活动带领者宣布比赛结果,然后让孩子们简单分享一下比赛的心得。

第二轮比赛开始前,让家长和孩子共同讨论让蜗牛爬得快一点的方法,2分钟之后正式开始。在这一轮中,发现有的爸爸跑到路边去找了棍子,有的妈妈去采了小花小草,有的爸爸去取了水……一声令下,正式比赛开始,场上响起了加油呐喊声,孩子们都使出了百般武艺,敦促蜗牛加紧爬行。

时间到!两轮比赛的路程相加,最后胜出的是3号赛道的家庭。1号、4号家庭并列第二,2号和5号家庭暂时落后。我们首先有请3号赛道的家庭分享活动经验,并请家庭成员发表获胜感言。

3号家庭的孩子说:我们家赛道上的蜗牛和其他家庭的蜗牛应该是一样的,但是我们家的蜗牛能爬的最远,可能与我们对它习性的研究有关。蜗牛本来就是爬行很慢的动物,而且它的胆子很小,如果我们不断碰它,它会把身体缩到壳内,所以,我们在比赛的时候,没有用任何东西去碰它,只是让它自己慢慢爬行,这样,反而使它不断前行。所以,我们一定要懂得蜗牛爬行的特点。

接下来其他组的家长和孩子也可以分享自己的心得体会。

活动带领者根据分享做出小结:每只蜗牛都是独一无二的个体,就像每个孩子一样,有些孩子喜欢自己平静地成长,有的孩子愿意积极地去拼去闯,但无论怎样的孩子,我们都要有耐心,陪着孩子一起逐渐成长。生活中,如果你遇到了没有随你心愿的孩子,希望你也能给他们一点时间,静静等待,接受现实,创造美好,相信孩子会给你一个奇迹的。

游戏提示

1. 此游戏适合6～12岁孩子的家庭。

2. 在游戏活动过程中,不能影响其他人的蜗牛爬行,更不能把蜗牛直接抓起来往前送。

3. 在整个活动中,一定要先把游戏规则说清楚,特别是不同的家庭肯定有不同的表现,如果不事先说好规则,可能就会出现混乱的情况,甚至会出现蜗牛被折腾死的情况。在活动中要强调保护小生命，不能因为蜗牛爬得慢或者不爬行，就用各种方式伤害蜗牛。

4. 无论多大年龄的孩子参与，都尽量不要用放弃的方式结束比赛，如果确实存在，可以作为一个分享点进行分析。

家长感言

- 我是一个男孩的妈妈，之前报名参加游戏的想法仅仅是想陪孩子玩一下，但是没有想到，在玩的过程中，让我看到自己教育孩子的"影子"。我一直认为，孩子是一个比较调皮捣蛋的人，平时我是天天不是打就是骂，但是没有想到的是，孩子在参加"蜗牛赛行"时，表现出一种惊人的耐心，他还不让我们靠近，只是自己轻轻地对蜗牛说着话，所以我们只是站在边上看着他，在他需要的时候，我们才去帮助他。最后，没有想到的是，我们家的蜗牛居然得了第一名。这真是一个意外的惊喜，从这里，我们也可以看出，孩子的成长有他自己的规律，我们不能太操之过急。

- 我是一个女孩的妈妈，这次游戏活动我们没有取得好的成绩，但是一家人一起努力过，也尝试了很多的方法让蜗牛爬行。在尝试的过程中，我发现了孩子身上的一些闪光点，虽然年纪比较小，但是她也知道如何去保护蜗牛，她让我们帮忙摘了叶子给蜗牛遮挡太阳，还说，蜗牛喜欢潮湿阴凉的环境，于是我还去取了水，洒在赛道上，让蜗牛舒适一点。这次游戏让我没有想到的是，女儿小小年纪却比我们还要细心和有耐心，我想，今后孩子的成长需要我们这样呵护，要给孩子更多成长的时空。

- 我家姑娘已经8岁了，之前只是在书上看过蜗牛，这一次，带她参加蜗牛爬行的比赛活动，非常兴奋。与其说是她在参加比赛，不如说是在考验我们家长的耐心。每个家长都希望自己的孩子能够在比赛中胜出，但是蜗牛只是一种动物，它无法听懂我们的语言，即使我们不断地喊叫，它通常也是无动于衷。后来我家的蜗牛居然完全偏离了轨道，爬到了叶子赛道的背面，但是，我们觉得既然蜗牛一直都在动，路程还是产生了，也没有完全脱离赛道。我们认为只有放手让孩子自己去做，她能做到什么程度，家长都不应该去干预，只有这样，孩子才能健康快乐地成长。

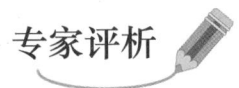

专家评析

蜗牛是世界上行动最为缓慢的动物之一,用蜗牛作为比赛的"道具",确实是非常考验一个人的耐心和毅力的。选择蜗牛进行爬行比赛,让人耳目一新。

这是一个直观有趣,令孩子们非常喜欢的游戏活动,比赛的主角看似是孩子,其实带来更多思考的是家长们。在比赛的过程中,家长虽然只是做了一些辅助的工作,但参与比赛的主角是孩子,如果家长本末倒置,不仅破坏了比赛的规则,也会违背了孩子的意愿。输赢不是重点,主要是看孩子在这个过程中如何去面对蜗牛的行动,让孩子学会循序渐进的方式。作为家长,可以从活动中吸取教育的经验,切不可拔苗助长。游戏本身非常简单,但折射出的是大道理,只要我们用心去观察和体会,就会发现这是一个非常奇妙的亲子游戏。

除了"蜗牛赛",还可以有各种各样的小动物赛,比如"龟行赛""瓢虫赛""斗蟋蟀"等,让孩子自己去发现、自己去设计,家长只要做好支持者、欣赏者的角色。

游戏2　人体推车

精句共读：在成长的路上，如果你不幸跌倒了，一定要坚强地爬起来。假如你不爬起来，将会失去再前行的机会。

 **游戏目标**

1. 通过游戏活动，促进孩子手臂力量的训练和协调能力的培养。
2. 在游戏活动中，增强亲子之间的配合度。
3. 通过游戏活动，训练孩子的耐挫能力和良好的心理素质。

 游戏准备

1. 游戏在室内外进行都可以，总活动时间约20分钟。
2. 准备比赛用的软垫子（作为赛道），长度10米。
3. 准备一些必备的药品，以防孩子发生意外。

 **游戏步骤**

1. 活动带领者宣布游戏规则。

（1）第一轮比赛规则。孩子用双手支撑地面，父亲或者母亲用手抓住孩子的两只腿，组成一辆"单人推车"，在保证安全的情况下，要求在规定的赛道上"推"得越快越好。推车比赛距离10米来回，快者为胜。根据家庭的组数进行计分，如第一名得分为10分，第二名为8分，第三名为6分，以此类推。

（2）第二轮比赛规则。父亲和母亲各抓住孩子的一条腿，组成"双人推车"，推车比赛距离为10米来回，快者为胜。根据家庭的组数进行计分，如第一名得分为10分，第二名为8分，第三名为6分，以此类推。

（3）比赛结果以两次得分相加高者为胜。

2. 游戏过程。

（1）练习时间5分钟。

（2）第一轮比赛，"单人推车"。

（3）第二轮比赛，"双人推车"。

3. 根据两次比赛的成绩进行计分，评出一、二、三等奖。

4. 集体分享活动的体会。

精彩片段

活动带领者准备好各种道具。

大家好！今天一共有5组家庭来做一个非常意义的游戏——"人体推车"。这个游戏需要爸爸妈妈和孩子相互配合，各位家长和孩子一定要注意安全，安全第一，比赛第二。

请每个家庭派一位代表到台前进行赛道抽签，抽签结束后，各组家庭会有5分钟的练习时间。

现在请所有家庭成员来到赛道前进行"推车"练习，第一轮比赛要求一位家长和孩子组成"单人推车"进行比赛，你们可以根据自己家的实际情况，选择人员进行练习。

第一轮比赛马上就要开始了，请不参与第一轮比赛的家长站到跑道对面为孩子加油。温馨提示三点：一是在比赛的过程中，如果孩子需要休息，只能在原地休息，不能到赛道外，休息的时候一定不能影响其他家庭的比赛。二是在比赛中途不可以换家长，并且要特别注意安全。三是比赛的路程为赛道的一个来回,也就是从起点出发到赛道的另一端后必须再返回起点,在这个过程中除了原地休息外,孩子的脚不能落地,否则就算犯规。比赛以"推"完规定路程最快者为胜。

第一轮比赛开始!"单人推车"进行比赛时,活动带领者要关注每个家庭的比赛情况,并根据比赛结果,统计出各个家庭的第一轮比赛得分。

休息10分钟,进行第二轮比赛。这次是"双人推车",也就是父母均要参加,爸爸与妈妈各自抓住孩子的一只脚,配合的难度也因此加大。不仅需要孩子与父母进行配合,也需要父母之间的配合。

比赛正式开始,每个家庭的"双人推车"正式出发,孩子在父母的推动下不断前进,有的家长偶尔会违规,如抱住孩子的腰往前走,如果发现这样的情况,活动带领者一定要及时发出警告,违规家庭需要退回起点重新出发。最后一组家庭安全到达终点之后,活动带领者就要求所有的家庭坐到原先指定的位置,可以是围成一圈的形式。

活动带领者根据两次比赛的计分宣布各组家庭的得分情况。1号家庭18分,获得一等奖;2号家庭14分,4号家庭16分,获得二等奖;3号家庭和5号家庭都是6分,获得三等奖。虽然3号和5号家庭暂时落后,但是他们两组家庭都非常尽力地完成了活动,我们也能感觉出来,两个孩子的小手臂确实力量不大,但是他们都勇敢地"走"完了整个过程,相信他们今后一定会多吃饭,多长力气,并且在家多练习,如果以后有机会再进行比赛,他们肯定会进步的。

现在有请每组家庭从孩子开始分享参加活动的感受。

1号家庭的孩子说:非常高兴我们在这次活动中获得了一等奖,但是回顾刚才经历的过程,我还是觉得心里有点害怕,因为让自己的脚悬空,我的身子马上就会倒下,幸好有爸爸拉着我,有妈妈在身边鼓励我,我就有了安全感,我就什么都不想,一直往前,居然在第一轮比赛中获得"推"得最快的佳绩。第二轮比赛时,因为有了妈妈一起参与,一开始我还不适应两只脚如何协调,所以就慢了一点点,但是我们最后加起来的分数还是第一名,我觉得我们是最棒的。

3号家庭的孩子说:我们这一次虽然是最慢的,但是我已经从活动中掌握了一些技巧,我们回家后一定会继续练习,相信如果下一次比赛的时候,我们一定会比现在好。

活动带领者根据各组家庭的分享做出小结:"人体推车"看似是一个并不是难度太大的活动,但其实在活动过程中,需要两个人或者3个人的默契配合,只有相互熟悉了前行的节奏,才能在活动中"推"得又快又安全。在活动中,有的孩子表现出了畏难的情绪,但是在父母的鼓励下都克服了,在生活中,我们一定也会遇到很多困难,希望一家人能齐心协力,相互鼓励,能够解决生活中的难题。

游戏提示

1. 此游戏活动适合4～8岁孩子的家庭。

2. 在游戏过程中,父母一定要注意掌握好孩子前行的速度,特别要注意抓住孩子腿的高度,以防孩子因为手臂力量的不足,摔倒在地面上,造成伤害事故。

3. 在活动中,特别是3个人配合的时候,可能会出现父母之间意见的分歧,这个时候活动带领者需要帮助他们进行协调,特别需要倾听孩子的想法,毕竟孩子是在前面,力度、高度、速度都需要依据孩子的身心特点,做到身体力行。

家长感言

- 我家儿子今年才5岁,他的手臂力量其实非常小,但是在游戏过程中,我发现孩子没有因为自己的能力不够而放弃比赛,这一点我觉得是非常难能可贵的。在我"推"的过程中,他还一直鼓励我说,你不用担心,我可以的,你可以稍微快一点,我们争取第一个到达终点。事实也证明,我们的配合非常好,并且在两轮的比赛中,我们家都是第一个到达终点的。孩子非常有成就感,这样的游戏非常有意义。

- 我家女儿7岁了,但是从小就比较娇气。这次比赛其实她不是很想参加,而是在我们的不断鼓励下,她才勉强同意参加。比赛一开始,女儿只是慢慢地往前挪动手臂,看到边上的孩子都是非常迅速地往前,她犹豫了,觉得自己肯定比不过别人,有两次索性就把身子瘫在地上不起来。幸亏活动带领者发现及时,然后一直激励孩子勇敢起来,在大家的鼓励下,我家女儿最终还是完成了比赛,虽然是最后一名,但从这个游戏中,我们看到了女儿的成长,相信她今后遇到困难时,一定能更加勇敢地去面对。

- 我家儿子已经8岁了,通过这次游戏活动,我发现了孩子的好胜心。之前，我总是觉得儿子比较"佛系"，什么都与世无争的。但是这一次，感觉儿子为了能得到比赛的好成绩，他主动告知我们比赛的技巧，比如说，让我们抓住他腿的某个部位会让他更加舒服，然后让我们不要走得太快，一定要关注他手臂的移动方向，让我们一起配合他的活动节奏。果然，在他的指点下，我们家庭在比赛中完美胜出。

专家评析

"人体推车"的亲子游戏，在家庭活动中一般会经常进行，但是通过比赛的形式，可能会更加激起孩子的好胜心。这个游戏从组织到比赛看似并不复杂，其实蕴含的寓意却不小。它可以让孩子在游戏中找到取胜的一些窍门，也可以让孩子在游戏中学会克服困难，更可以让一个家庭找到互相配合的方法。

作为家长，可以从游戏中了解孩子的能力和心理特点，如有些孩子遇到一点困难就会打退堂鼓，有些小孩非常有意志力，失败了或者落后了就会奋力直追。当然，作为家长，更需要根据自己孩子自身的特点进行引导和配合，有时不能完全按照自己的意愿进行教育。

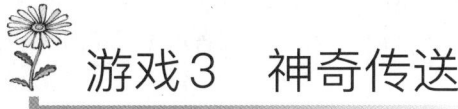

游戏3　神奇传送

精句共读：世上没有做不到的事情，只有想不到的事情，只要敢于去挑战，一切都皆有可能。

游戏目标

1. 通过游戏，锻炼孩子的平衡力和勇于挑战的心理素质。
2. 让家长在活动中体会相互配合的技巧。
3. 通过游戏体验，增强亲子之间的情感交流。

游戏准备

1. 游戏建议在室内进行，总活动时间约20分钟。
2. 准备比赛用的软垫子（作为赛道），要求长度5米，宽度2米，一条赛道就可以。
3. 准备一些必备的药品，以防孩子发生意外。

游戏步骤

1. 活动带领者告知游戏规则。

（1）由孩子们抽签决定比赛顺序。

（2）本次比赛，赛道只有一条，要求父母躺在赛道上当"传送带"，孩子躺在父母的身上，通过父母按同一个方向的滚动，把孩子从起点传送到终点。传送的过程中，如果出现孩子掉到地面上或者所有人离开了赛道，均要从起点再重新开始。

（3）本次比赛共进行两轮。

2. 游戏过程。

（1）第一轮比赛，父亲和母亲一起传送孩子到终点，活动带领者记录每一组家庭所用的时间。根据家庭的组数进行计分，如第一名得分为10分，第二名为8分，第三名为6分，以此类推。

（2）第二轮比赛，父母和孩子先根据第一轮比赛的情况进行讨论，找出更适合的方式再进行第二次比赛。同样，活动带领者要记录每一组家庭所用的时间并计分。

3. 比赛结果以两次得分相加高者为胜。

4. 集体分享活动的体会。

精彩片段

活动带领者上场。

大家好！今天我们5组家庭将在这里进行一场有趣的比赛，比赛的名称叫"神奇传送"，就是通过父母身体组成的"传送带"，把孩子从起点传送到终点，看哪一组家庭的传送时间最短，并且不犯规。这个游戏主要考验父母与孩子的配合能力，也是对孩子们的一种活动考验，能否在父母的"传送带"上安全到达终点。在游戏中，希望各位家长和孩子一定要注意安全，安全第一，比赛第二。

首先，请各组家庭按照之前孩子们抽好的顺序到赛道上进行练习，每组家庭练习的时间是5分钟。

第一轮比赛马上要开始了，请第一组家庭的全体成员躺在起点处，听到活动带领者的哨声后就开始"传送"。在"传送"过程中一定不能离开赛道，如果移出赛道或者孩子从父母的身上掉下来，就马上要求所有人重新回到起点，然后再开始"传送"。注意：在"传送"的过程中孩子可以抓住父母的身体，但是父母不可以用手抓住孩子的身体,否则视为犯规。比赛以用时短者为胜。

第一轮比赛结束后,活动带领者让所有的家庭休息10分钟,并以家庭为单位进行下一轮"传送"技巧的讨论。

10分钟后,进行第二轮比赛。这一次各组家庭的速度明显比上一轮要快。孩子在"传送"的过程中也淡定了很多,家庭的配合度明显比上一轮高,违规的现象几乎没有。最后一组家庭安全到达终点之后,活动带领者要求所有的家庭坐到原先指定的位置。

活动带领者根据两次比赛的计分宣布各组家庭的得分情况。5号家庭16分,获得第一名;3号家庭14分,获得第二名;1号和2号家庭都是12分,4号家庭是6分。1号家庭和2号家庭虽然都是12分,但要特别表扬的是1号家庭,因为第一轮比赛时他们是最后一名,但是在方法调整后,他们在第二轮中获得了第一名,所以他们的进步是非常快的。

我们首先让1号家庭发表活动感言。

1号家庭的妈妈说:在第一轮比赛中,我和孩子爸爸一直没有配合好,不是他转得太快就是我转歪了路线,所以孩子总是掉下来。我们非常着急,但是越着急越做不好,孩子也被我们折腾得哭笑不得。后来我们调整了心态,不要总想着赢,慢慢地按照节奏传送,孩子也就不会动来动去,于是稳步地前进,所以第二轮比赛我们就得了第一名。当然,其他组的家长做得也有很多值得我们学习的地方。

获得两轮比赛总分第一名的5号家庭孩子也分享了他的心得。

孩子说:一开始躺在父母的身上不动是比较舒服的,可是他们一动我就有点害怕,后来,我想到还是趴在他们身上比较好,这样我就不担心了,事实证明趴着确实比躺着好。

其他各组家庭也分别交流了自己的心得体会。

活动带领者根据各组家庭的分享做出小结:"神奇传送"活动确实非常有趣,看到大家脸上露出的笑容,我觉得今天的收获一定很多。这个游戏除了需要各位家长和孩子相互配合,还需要比较高的游戏技巧,毕竟家长和孩子都在动,在动的过程中要稳住是有点难度的。所有参加活动的家庭表现得都非常好,没有放弃的,大家都按要求完成了任务,每个家庭都是棒棒的。不过活动中值得思考的是,今后我们在陪伴孩子的成长过程中,需要父母的步伐与孩子的步伐同步,要知道孩子需要什么,我们如何才能满足孩子生理和心理的需求。

游戏提示

1. 此游戏适合4～8岁孩子的家庭。

2. 事先通知父母和孩子都要穿着宽松的运动服,便于活动。

3. 在本次活动中,要特别提醒的是,因为父母翻动身体时有不确定性,孩子也比较小,所以家长一定要嘱咐孩子抓住父母的身体或者衣服,以免摔倒在地,造成意外伤害。

4. 在活动中,父母的配合很重要,千万不要为了快速传送,而忽略了孩子的感受,所以要提醒家长一定要将安全放在首位。

家长感言

- 我家女儿胆子很小,所以在第一轮比赛时,让她趴在我们两个人的身上,但是她不敢,一直到活动带领者给她做了示范,然后教她从地面爬到我们的身上。在这种情况下,我们尽管用最慢的速度进行翻滚和传送,女儿还是感到非常害怕。第一轮比赛结束后,我们问女儿为什么不敢,她居然说是不忍心让我们吃力费劲,那一刻,我忽然感觉女儿竟然如此懂事,这个活动让我看到了一个不一样的女儿,非常有意义。

- 我是一名母亲,我家儿子今天和我们出乎意料的配合默契。之前,我们在家里也玩过类似的活动,但是没有进行速度的比赛。今天在比赛的过程中,我们发现之前玩过的游戏经验起了很大的作用。因此,我们在第一轮比赛中轻松地获得了第一名。儿子很心疼我们,不断地给我们鼓励,结束后还给我们揉身体,生怕我们累了。在这个游戏中,我还感受到,只有我们夫妻两个人积极配合,才能更好地完成传送游戏。在教育孩子的时候,我想也是这个道理,我们只有步调一致,孩子才能稳稳地被我们送达未来的"目的地"。

- 我家儿子平时与我们的互动不是很多,这一次要他与我们这么亲密地接触,感觉他还是有点抗拒,这个可能与他小时候一直是爷爷奶奶带着有关。一开始,他总是对我们说,我的身体很重的,你们会不会太累,如果累的话我们就放弃。在得到我们肯定的回答后,儿子才勉强趴在我们身上,但是也没有非常主动地参与。我们在转动时,明显感觉到他的身体是僵硬的。平时我们对孩子的关注实在是太少了，今后，我们要多拥抱一下孩子，让他感受到我们对他真正的关爱。

专家评析

"神奇传送"是一个难度较大的游戏，不仅需要父母有很好的身体柔韧度，还需要一家人有默契的配合度。游戏可以训练孩子的心理素质，如果孩子的心理素质较差，他就会表现出畏惧，甚至烦躁不安。所以在游戏活动中，一定要相互信任，切忌不能责骂。有的孩子可能一开始不适应，这个属于正常情况，在他得到肯定后，心里便会慢慢地放下戒备，就会主动参与体验。但有的孩子也会觉得玩这个游戏是一种享受，他会不断地给家长压力，希望家长能快速滚动，这时家长也可以把自己的内心感受告知孩子，家长偶尔在孩子面前示弱，可以促使孩子今后的自信成长。

 游戏4　蒙眼前行

精句共读：人的一生非常短暂，能做的事情并不太多，关注自己身边的人，为需要的人做点事情，你将得到更多的快乐。

 **游戏目标**

1. 在游戏活动中，体验弱势群体的实际生活状况，激发帮助他人的动机。
2. 通过游戏，引导孩子和家长学会关注弱势群体。
3. 通过活动体验，提高亲子之间沟通的能力。

 **游戏准备**

1. 游戏建议在室内进行，总活动时间约30分钟。
2. 准备活动用的眼罩和各类障碍物等。
3. 设计2个有不同障碍物的活动区域。

 **游戏步骤**

1. 活动带领者安排孩子抽签，并告知游戏规则。

（1）孩子抽签决定出场顺序，一共有6组家庭参加。

（2）本次活动共进行两轮。第一轮活动为孩子戴上眼罩，父亲在区域外关注，不可以发出声音，母亲在边上指引孩子越过第一个区域内的障碍物，到达终点。第二轮活动由父亲戴着眼罩并背上孩子，让孩子给父亲指引，越过第二个区域的障碍物，争取顺利到达终点，母亲在区域外关注，不可以发出声音。

2. 活动过程。

第一轮活动。孩子戴上眼罩，由母亲在第一个区域外面给孩子指引前行的路，父亲不能发出声音。

第二轮活动。规则有所改变，由父亲戴着眼罩并背上孩子，然后由孩子指引父亲绕过第二个区域内的障碍物，到达终点。

两次活动的时间不限，但是要求尽量不碰到障碍物并顺利到达终点。

3. 组织大家集体分享活动体会。

精彩片段

活动带领者准备好各种活动用具。

大家好！欢迎今天到场的六组家庭。我们将在这里进行"蒙眼前行"的游戏，在这个游戏中，孩子和爸爸都将扮演失明者进行穿越障碍物的活动，如何在游戏活动中顺利闯关，就要看各家庭成员的共同努力了。今天的活动共有两次"蒙眼前行"的机会，本次游戏不进行比赛，但需要所有人都能全程参与并深有感悟。

首先，我们进行第一轮活动，请6组家庭的妈妈和孩子按照之前抽签决定的顺序排好队站在第一活动区域的起点。现在活动区域内没有障碍物，但一会儿场地会发生变化。请妈妈帮助孩子戴上眼罩，然后等活动带领者宣布开始时，妈妈在活动区域外面给孩子指引前进的方向，一定要提醒孩子在前行时保持合适的速度，防止摔倒。

1分钟之后体验活动正式开始。确定所有的孩子都戴上眼罩后，活动带领者示意工作人员把障碍物随意放到活动区域内，注意不能太复杂，一般有弯道和有较低的障碍物即可。正式开始后，按照抽签决定的顺序，由妈妈引导孩子穿过障碍物，安全走到终点。

活动结束请大家分享交流活动体会。

2号家庭的孩子最先发言,他说:刚戴上眼罩的时候,忽然觉得眼前一黑,什么也看不见了。当活动带领者宣布活动开始时,我有点害怕,脚不敢向前迈出去。后来,在妈妈的鼓励下,特别是妈妈说她会一直在我身边,让我不用怕,只要听从她的指引,一定会顺利到达终点的。于是,我的内心就一下子感到安全多了。妈妈让我往左,我就慢慢挪动自己的脚往左边走,但我还是不敢走大步,那一刻,我忽然想到了街上看到的盲人,他们就是那样走路的,现在想想觉得他们真的很不容易。最后我好不容易走到了终点,虽然路上碰倒了几个障碍物,脚有点疼,但我还是克服了自己内心的害怕,勇敢地走到了终点,妈妈给了我一个大大的拥抱,让我感到很温暖。摘下眼罩的那一刻,更使我感到自己是很幸福的,因为又能见到光明了。

其他各组家庭的孩子也做了交流。

活动带领者根据孩子们的分享进行小结:在这个游戏活动中,希望各位小朋友能切身地感受到如果眼睛看不见东西将是一件多么令人痛心的事。虽然有妈妈的指引,但还是会出现一些状况,今后看到真正的盲人时,希望大家能多给他们更多的帮助和支持。

第二轮活动准备开始,活动带领者根据规则让父亲背着孩子,站到第二个活动区域的起点后戴上眼罩。母亲在活动区域外关注,不可以说话。这个区域内的障碍物相对难度要大一点,有需要弯腰的地方,也有需要跨过的障碍物,还有坡度等。活动开始,孩子在父亲的背上为前行的爸爸指引。在活动中,特别要留意孩子与父亲的配合度,活动带领者如果观察到配合度比较好和相对欠缺的家庭后,可以在分享的时候让他们多说说自己的感受。

第二轮活动结束后,活动带领者根据观察到的一些情况与家长和孩子们进行分享。重点是引导父亲在与孩子交流的时候,是如何去理解孩子说的话,是否对孩子有充分的信任。

5号家庭中的孩子这样说:因为自己有了前面戴着眼罩行走的体验,所以非常理解爸爸在那一刻的感受,我在给爸爸指引的时候说的比较慢,把步子要迈多大也说了,我们是第一个顺利到达终点的家庭。另外我觉得自己很会照顾爸爸,为此感到特别自豪。

活动带领者根据各组家庭的分享做出小结:第二轮活动的难度比较大,可能有的孩子在指引的过程中,不能很好地判断真正的路况,指令不准确,令蒙着眼的家长更加犯难。不到10岁的小孩在生活中,他们的表达可能不清晰、不准确,作为家长,你们能真正理解孩子的内心吗?因此站在孩子的角度去读懂孩子,也是家长们需要不断训练和学习的重要方面。

游戏提示

1. 此游戏适合8～12岁孩子的家庭。

2. 活动区域内的障碍物要等参与者戴上眼罩才能开始布置,目的是增加难度和不确定性。

3. 在游戏活动的过程中,因为会出现一些不确定因素,所以有的孩子或者家长可能戴上眼罩后确实不能很快地到达终点,这时需要活动带领者有等待的耐心和安抚家长的能力,切不可让参与者中途放弃,到达终点的快慢不是最重要的,活动过程的体验才是重点。

4. 在活动体验中,第二轮是非常重要的一个环节,亲子之间的配合度要求特别高,也是最能考验一个家庭的融合程度,在分享的过程中可以多给家长和孩子一些时间交流体会。

家长感言

- 我家女儿在给我做指引的时候,差点急哭了,因为我总是不能按照她指引的方向前进,其实我也知道我走的方向不对,但是戴着眼罩,感觉自己的方向感差了很多。在这种情况下,一想到我还背着孩子,不能因为撞到或者踩到障碍物而摔倒,所以一直非常小心地往前走。短短的一段路,居然走了近5分钟。这次活动,让我深深地体会到,如果眼睛真的出问题了,那是一件多么痛苦的事情。值得高兴的是,我家女儿就像是我的眼睛,对我特别关心,今后我会更加珍惜与女儿相处的时光。

- 我家儿子在这次活动中的表现特别棒,在他戴上眼罩行走的时候,我看得出他其实是非常害怕的,两只手不停地往前抓,感觉就像是要抓住什么东西。当他确定没有人拉着他走时,深深地吸了一口气,然后他对自己说:"我一定可以的。"这样坚强的表现,我还是第一次看到,所以这次活动,我不仅了解到了儿子内心的坚定和不畏困难的决心,也看到一家人的齐心合力。我相信,今后无论我们遇到怎样的困难,我们都会努力去克服的。

- 我是一位母亲,女儿在第一轮的活动中哭了,一开始,我不知道她为什么哭,因为她是在扑到我怀里时哭的,后来,等她情绪稳定后,我再次问她的时候,她说是因为她不想做盲人,觉得盲人太可怜了,什么都看不见,碰到一些物品,一不小心就会摔倒,所以她觉得她今后一定要去帮助这些人。在第二轮活动中,她就特别仔细地为父亲指引,生怕父亲摔倒。从这个活动中,我感觉到女儿是一个善良的人,今后,我们会更好地保护孩子,希望她能健康快乐地成长。

专家评析

"蒙眼前行"是一个促进亲子良好沟通的游戏。在活动中,不仅考验孩子的毅力和胆量,更是考验亲子之间的相互配合。该游戏没有比赛要求,重点是让所有的家庭成员都能体验到这个过程的艰难。同时,家庭中每个成员的心理素质也非常重要,彼此间的信任度得到了考验。事实证明,经过这个游戏活动,家庭成员之间的融洽度大为增加,家庭成员会更加团结,家长也懂得了一些如何与孩子交流的技巧。

值得一提的是,这个游戏还涉及一个如何关注弱势群体的社会问题,从中我们还可以寻找到关于生命教育的切入点,珍爱我们身边的每一个人。

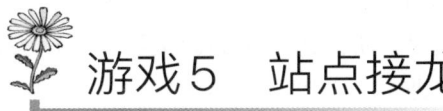

游戏5　站点接龙

精句共读：陪伴是最长情的告白。孩子的成长，最需要家长的陪伴，家长不缺位，才能培养出优秀的孩子。

 游戏目标

1. 通过互动的游戏，提高亲子之间沟通的能力，增进人与人之间的感情。
2. 在游戏活动中，利用"站点接龙"的机会传情达意，提高配合默契的能力。
3. 通过游戏活动，了解祖国各地的人文特色，拓宽孩子的知识面。

 游戏准备

1. 游戏建议在室内进行，总活动时间约30分钟。
2. 游戏活动区域的大小，可以根据参加人数确定。
3. 准备A3纸和彩笔若干，每个家庭至少一张纸和一支笔。

 游戏步骤

1. 活动带领者告知游戏规则。

本次活动一共有5组家庭参加,活动分两轮进行。第一轮活动为"站点接龙"的初级版,主要根据站点需求进行接龙。第二轮活动为"站点接龙"的升级版,不仅要完成站点接龙,还要说出站点地的特色。如果在活动中没有达到要求,根据规则要进行适当的加强项目,如让父母一人抬头,一人抬脚,把孩子绕场地一周,增加一些乐趣。

2. 活动过程。

(1)准备工作。每个家庭成员共同商量火车站的站名,尽量说一些大城市的,可以是孩子喜欢去的城市,也可以是与父母工作相关的城市,如上海、北京、广州等。商量好之后用彩笔在A3纸上写好站名。

(2)第一轮活动,所有家庭成员全部上场,按照家庭各自排成一列,孩子在最前面,手里拿着写有站名的A3纸,并由孩子汇报家庭确定的站名,母亲把双手搭在孩子的肩上,父亲将双手搭在母亲的肩上。活动带领者宣布站名接龙要求,比如,从南向北的站点进行接龙,轮到的家庭去接下一站的家庭,最后组成一列火车回到起点。

(3)第二轮活动,要求各个家庭对确定站点的地域特色做些准备,如上海的东方明珠电视塔是其标志性建筑,还有人文、美食、景点等。在原来站点的A3纸上写下3个以上的地域特色,然后在站点接龙的时候,介绍家庭确定站点的特色后再去接下一个家庭的站点,要求由孩子完成特色介绍。第二轮活动我们可以从北向南的站点开始接龙,最后组成一列火车回到起点。

3. 集体分享活动的体会。

精彩片段

活动带领者上场。

大家好!欢迎今天到场的5组家庭,根据孩子们的随机抽取序号,现在各组家庭都有自己的序号了。今天游戏的主题是"站点接龙",这个活动不简单,需要考验大家的反应力和知识面,相信各组家庭成员一定能相互配合,迅速反应,有所收获。

我们进行第一轮"站点接龙"的初级版,要求非常简单。请各组家庭一起到我们的活动区域,各家庭商量一下选择一个火车的站点,尽量选择大城市站点，请大家商量好后告知我。最后确定1号家庭的站点是北京，2号为上海，3号为杭州，4号为厦门，5号为广州。现在我们各组家庭排好队伍，孩子拿着刚写好站名的A3纸站在最前面，后面是妈妈和爸爸，分别把双手搭在前面一个人的肩上。今天我们的火车是从祖国的南面开到北面，南端起点是广州，5号家庭出列，请你们齐声说："开呀开呀开火车，广州的火车要开啦！"然后其他4组的家庭成员一起问："往哪儿开？"5号家庭说："往厦门开！"这时，代表厦门的4号家庭要快速做出反应，出列来到5号家庭的前面，5号家庭迅速接上4号家庭的火车，然后4号家庭往前开火车去接3号家庭，以此类推，最后所有的家庭火车都接上后开到起点，表示活动结束。

第一轮活动告一段落，现在请每个家庭的孩子说说自己的感受。

2号家庭因为反应慢了，所以他们家庭进行了加强项目。2号家庭的孩子说：当时没有反应过来的原因是还没有进入活动的状态，那一刻就想着和大家一起说话。其实我是第一个反应过来的，但是发现我的父母好像都不在状态，根本不知道是轮到我们家了，我妈妈后来还问我，我们是上海站吗？所以，我觉得在活动中一家人一定要牢牢记住自己的站名，否则轮到自己了还反应不过来，就会出现失误。

其他各组家庭的孩子也做了交流。

活动带领者根据孩子们的分享进行小结：这个活动，其实最关键的是要考验大家的反应力和专注力，只要我们全身心地投入到活动中，一定能顺利完成任务。失败了不要气馁，只要大家齐心协力，吸取教训，家庭成员的配合度就会越来越好。稍事休息后，我们将进行"站点接龙"的升级版活动。

第二轮活动之前，活动带领者告知升级版的活动规则，需要一家人一起讨论家庭站点的地域特色，如标志性建筑或者著名景点、特色美食等，讨论好之后在站名的A3纸背面写上3个以上的特色。

这一趟列车我们需要从北往南开，所以先请1号北京站点的家庭出列，孩子先介绍一下北京的特色。孩子表达完后，排着队继续开着火车去接下一个家庭，这次发出的指令需要改变，例如，"开呀开呀开火车，北京站的火车要开啦！"然后其他家庭一起问："往哪儿开？"被指令到的家庭要立刻反应过来，接着让孩子马上说出当地的地域特色，说完之后再继续去接下一组家庭，以此类推，最后所有的家庭火车都接上后开到起点，整个活动结束。

第二轮活动结束后，活动带领者根据自己观察到的一些现象请家长和孩子

们进行分享。

4号家庭的孩子说：在这个环节中，我觉得有难度的是要快速反应后说出各个站点的特色，虽然我们之前商量过，但是要马上说出还是有点难。不过我觉得在这个过程中我学到了很多东西，如知道了杭州有美丽的西湖，北京有巍峨的长城，让我感觉到祖国拥有的大好河山，我也特别想去这些地方观光旅游，进一步了解祖国的美丽景色。

活动带领者根据各家庭的分享做出小结：本次活动的内容比较简单，但是对每个家庭的挑战还是不小的，不仅需要一家人相互配合，而且需要家庭成员的迅速回应，尤其是在升级版中更需要家庭成员具有一定的知识储备量。从游戏的效果来看，各家庭都表现不错，从大家的笑声中能感受到活动带给大家的快乐，希望这份快乐会一直陪伴着大家。

游戏提示

1. 此游戏适合6～12岁孩子的家庭。
2. 游戏区域需要有一定的活动空间，便于各家庭能活动自如。
3. 在游戏活动中，有时会出现一些不和谐的因素，比如，家庭成员之间因意见不统一而出现相互责怪的情况，活动带领者一定要告知家庭成员相互理解和包容。
4. 在第二轮活动之前，要尽量给每个家庭讨论站点特色的时间，这样会使活动更加顺畅和平稳进行。

家长感言

- 我家儿子今年虽然只有9岁，但他就像是一个小大人。在游戏中，我和他妈妈都是听他指挥的，之前不知道儿子这么能干，他不仅反应快，知识量也让我觉得非常惊讶。现在的孩子确实和我们之前不一样，我都不知道福建有那么多的特色，他却能如数家珍地说了那么多，估计是我们之前带他去过福建，他记住了那里的很多特色。这种寓教于乐的游戏真是太好了，不仅让我们在快乐中度过，也让我们更加深入地了解了自己孩子的特点。

- 我家女儿平时胆子非常小，一直不敢在人多的地方说话。刚开始的时候,她非常胆怯,我们说什么,她就跟着说什么。但到后来,她逐渐放开了,主动告诉我们如何做才能在活动中反应更快。她说,我们一定要时刻关注着上一家庭的动向,如果他们向我们家看,我们就一定要做好准备,要随时往前走,这样相对的反应就会快。通过活动我感受到女儿其实还是一个很有想法的人。

- 我家女儿9岁了,这是一家人第一次共同参与的游戏活动。之前因为我们夫妻工作的原因,从来没有机会一起参加过类似的活动,所以,参与这次活动女儿显得特别开心,牵着我们俩的手都不肯放下。特别是在进行加强项目的时候,女儿非常享受我们抬着她绕圈,女儿在发言时也说到,这是她最开心的时刻。这个游戏活动,让我们有了许多反思,确实,平时陪伴孩子的时间太少了。今后,我们一定要多带孩子参加各类活动,让我们的亲子关系更加融洽。

专家评析

"站点接龙"游戏在幼儿园中时常会进行,但是全家人一起参与的"火车开"是比较少见的,因为这个游戏考验了一家人参与时的融合状态。如果平时家人之间很少合作,那么这个游戏的成功率就很低。本游戏设计中还有一个亮点,就是"站点接龙"有方向性,从南方到北方、从北方到南方,可以强化孩子的方位感。如果孩子比较小,对全国城市的地理位置没有概念,那么建议活动带领者出示全国地图,把接龙中出现的站点在地图上标注出来,强化地理位置的方位感。如果是稍大一点的孩子,则可以尝试把"火车开"到国外去,用世界地图做标记,让孩子们热爱祖国,放眼世界。

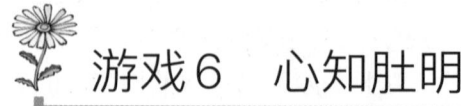

游戏6 心知肚明

精句共读:"身无彩凤双飞翼,心有灵犀一点通。"和谐的家庭成员因为相处的时间长久,只需要一个眼神或者一句话就能理解对方的意图。

游戏目标

1. 通过游戏活动,有利于提高亲子之间沟通交流的能力。
2. 通过活动体验,提高孩子的语言表达能力。

游戏准备

1. 游戏建议在室内进行,总活动时间约20分钟。
2. 准备活动用的画纸、笔和图案作品。
3. 准备10张桌子、15只凳子、一张用于展示作品的移动白板。

游戏步骤

1. 活动带领者告知活动规则。

本次活动一共有5组家庭参加,要求各家庭的孩子从活动带领者那里抽取需要描述的作品,然后坐在父母的对面,与父母相隔一米左右,作品不能给父母看,只能用语言描述。父母坐在孩子对面,根据孩子的口头描述把作品内容画在纸上,父亲和母亲同时作画,但是不能相互交流。在规定的时间内必须完成作品,画得最接近原作品的为最优家庭组合。

2. 活动过程。

所有的家庭成员在规定区域坐定之后,家庭中的孩子先到活动带领者准备好的作品中随机抽取一幅,然后回到面对父母的座位坐好,不能将作品给父母看。等待活动带领者的一声令下,各家庭的孩子开始描述作品内容,父母如果有不清楚的地方可以问,但是父母之间不可以相互观看,也不能要求孩子把作品给父母看。规定的时间到了之后,将每个家庭的原作品和父母画的作品进行展示,评出最优家庭组合。

3. 集体分享活动的体会。

 **精彩片段**

活动带领者上场。5组家庭按照事先抽签决定的序号坐在指定的位置,父母的桌上事先放好画纸和笔。

大家好!欢迎到场的5组家庭,今天将要进行的是"心知肚明"游戏,顾名思义,就是考验家庭成员之间的默契程度,特别是孩子与父母的沟通是否做到心知肚明,没有障碍。活动的内容其实非常简单,一会儿让孩子到我这里来抽取一幅作品,然后让孩子把作品中的内容给父母描述,父母根据孩子的描述把内容画在纸上,父母在孩子描述的时候可以与孩子交流,但是父母之间不可以沟通。各组家庭要在10分钟内完成作品,父母的作品最接近原作品的为优胜家庭。

活动带领者安排孩子抽取作品,并要求孩子一定要做到保密,不能给父母看到。活动开始后,活动带领者可以全场巡视,关注各家庭的作画过程。

当活动的时间还剩下2分钟时,请提醒还没有完成的家庭要抓紧时间。

时间到!请各家庭将作品带到前面的展示台,贴在白板上。现在请每个家庭派出一位代表给这些作品打分,评选最优的作品。

根据评分，3号家庭和5号家庭的作品分数最高，并列第一，其他家庭的分数相差不大，都并列第二。现在有请每个家庭的孩子说说你们在活动中以及看到父母作品后的感受。首先有请3号家庭的孩子。

3号家庭的孩子说：我觉得今天爸爸妈妈的表现特别好，我只是简单地描述了一下，爸爸妈妈就马上理解了。比如，我说这张图上一共有两个大的物品，一个是方的，一个是圆的。于是我爸爸马上问，两个物品是不是在这张纸的中间的两边？我说是的。我妈妈听后马上问，既然是方的和圆的，那方的长宽是多少？圆的直径大概是多少？听她这么一说，我马上就知道怎么描述了，因此，我爸妈画出来的作品和原作品就特别相似。我觉得在与爸爸妈妈交流的过程中也学到了很多东西。

1号家庭的孩子说：在今天的活动中，我觉得有点挫败感。我自己感觉已经将作品内容描述得很清楚了，可是没有想到我爸妈画出来的作品和我描述的很不一样。我明明说房子的屋顶是尖尖的，可他们还是画成椭圆形的，我不知道是不是我的表述有问题，还是他们根本就没有听清楚我说的，只顾自己的想象着画。我觉得，平时他们就是这样的，总是不认真听我说话，有时还曲解我的意思，我希望爸爸妈妈以后要仔细听我说话，不要总是说我不懂事。

活动带领者根据各组家庭的分享做出小结：可以看出，1号家庭的孩子对父母是比较有意见的。确实，在生活中，许多父母可能不是很擅长与孩子交流，也会不理解孩子的一些想法。在这个年龄段，孩子对一些事物的认识可能不是很全面，这就需要家长多听孩子的解释，只有这样才能促进家庭的和谐。大家回去之后，可以在家中多做类似"我说你画"的游戏，加强亲子间的交流和理解。

游戏提示

1. 此游戏适合8～12岁孩子的家庭。

2. 准备游戏的作品，要根据孩子的年龄选择，年龄小的准备得简单点，年龄大的可以稍微复杂一点，但是建议不要太复杂。

3. 游戏过程中，可能会出现一些不和谐的因素，如有些家庭成员之间可能会表现出一些不理解的烦躁，活动带领者需要在整个过程中进行指导。

家长感言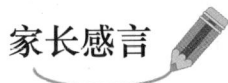

- 我家女儿在游戏中的表现不错,虽然她只有10岁,可是她的表达能力却让我刮目相看。在活动中她还告诉我们作画的技巧,并且特别提醒我们不要急于作画,要等她描述得差不多时再开始画。确实,在她的提醒下我们少做了很多无用功,也不需太多的修改。她妈妈在游戏中比我仔细,听她讲述后,就更加明确作品的内容了。我觉得这个游戏能非常好地促进一家人的沟通,让我们彼此有了许多了解,增进了情感。非常感谢此次活动的组织者。

- 这次游戏活动给了我深刻的教育,平时,我和孩子没有太多的交流,虽然他妈妈相对多一些,但结果是画出的作品明显和原作品不相符合。在现场,我一直很努力地与儿子交流,但感觉我说的孩子听不懂,孩子说的我又理解错误,一张纸被我画得一塌糊涂,看到其他家庭的父母画的至少与原图比较类似,我就觉得特别不好意思。游戏中,我还怪孩子表达不清楚,他被我说得面红耳赤的。现在感觉真是太不应该了,今后我一定要多抽出时间与孩子交流,做到真正理解孩子。

- 我是孩子的爸爸,我觉得这个游戏很有意义。刚接到任务时,我觉得做这么简单的事情一定是没有问题的,可后来在孩子的描述中,我才发现仅仅听他说的话,我真不知道如何下手,那一刻,我急得真想让孩子给我看看原作品,但是孩子坚持原则,不肯给我看。从这件事上,我发现了孩子身上的一些优点,坚持原则应该是我们家长希望孩子必须具备的品质。

专家评析

"心知肚明"是一个常见的游戏活动,主要目的是了解各成员相互之间的默契程度。成人之间、孩子之间都会用到,这是一个经典的活动。将这个游戏引用到亲子之间的互动,不仅可以促进亲子之间的融合,也能在游戏过程中让家长获得一些启发。孩子在作品中看到的和语言描述的可能不一致,这就需要家长学会提问,通过一问一答,逐渐理解孩子的表达意图,从而读懂孩子。活动结束后,建议亲子之间不要相互埋怨,如果能坐在一起相互讨论,然后总结活动中的得与失,这样就会更好地促进亲子之间的关系。如果有时间,建议家长们今后可以在家庭游戏中经常进行类似的游戏体验,强化亲子之间心领神会的功能。

游戏7 球吊纸杯

精句共读：没有人是完美的，在陪伴孩子成长的过程中，父母也需要不断学习和成长。孩子有时会让我们看到了自身的很多局限，也让我们感受到了爱的幸福和力量。

游戏目标

1. 通过游戏活动，培养孩子身体的协调能力和耐心的品质。
2. 通过活动难度的增加，让孩子树立不畏困难，勇于挑战的精神。

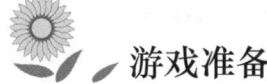
游戏准备

1. 活动场地为室内相对宽敞的空间，活动时间不定。
2. 准备多个纸杯和气球。

游戏步骤

1. 亲子之间设定活动规则。

（1）在室内宽敞位置设定一段3米左右距离的空间，分别放着两张桌子。起点桌面上放置若干纸杯。

（2）每位家庭成员拿到一个气球，然后放进纸杯后，向气球吹气，用嘴通过气球把纸杯吊起，接着将纸杯送到终点的桌子上。在吹气球和运送的过程中，手始终放在身后，不能碰到杯子或者气球，如果碰到就要重新回到起点再进行。

（3）父母的比赛时间为2分钟，孩子的比赛时间为3分钟，运送纸杯多者为胜。

（4）可以根据各个家庭的实际情况进行调整和设置规则。

2.活动过程。

各家庭根据基本规则进行游戏活动，也可以根据孩子的年龄特点进行创新或者改编。

3.收集各个家庭的活动情况和感悟。

精彩片段

本案例共收集了10个家庭的活动过程，现选择3个家庭的活动情况以供参考。

1号家庭妈妈：

我家孩子8岁了，在活动之前我们就比赛时间的问题进行了讨论，我们觉得孩子比较小，想让孩子多一分钟时间，但是孩子觉得他已经长大了，要求和我们一样的时间。在孩子的坚持下，我们把比赛的时间都设置成每人2分钟。我们与孩子一起把道具和桌子都准备好之后就开始了。通过抽签，爸爸第一个挑战，孩子第二个挑战，我排在最后。正式挑战开始了，我负责计时，爸爸站在起点的桌子边上等待号令，一声令下，爸爸迅速地把气球放在了杯子内，然后开始吹气球，谁知刚一用力，气球就从爸爸的嘴里吹到了杯子内，需要重新开始。时间在慢慢移动，爸爸有点着急，他把气球再放进嘴里的时候，赶紧用力吹。这一次，气球鼓起来了，纸杯也随着被吊起，爸爸一看可以了，就小跑着到了终点的桌子旁。用气球把杯子吊起比较简单，但要把杯子放下还是要有技巧的，因为气球不能离开嘴，否则要重新开始。后来爸爸想了想，忽然把气球内的气倒吸进了嘴里，这时，杯子就落在桌子上了。这个办法不错，爸爸找到了运送方法，赶紧去装第二个……2分钟时间到，爸爸由于是第一个运送，没有经验，结果只运送了4个纸杯。轮到孩子运送纸杯了，他看到了爸爸的操作后，知道用什么方式运送更快。果然，他第一个杯子的运送很快就成功了，小巧的身体快速地跑到起点，一吹一个杯子又吊起来了，让我们感到意外的是，同样的2分钟时间，孩子居然运送了8个纸杯，这个成绩比他爸爸多出了一倍，孩子特别开心，然后催着我马上开始。看过爸爸和孩子的玩，我觉得这个游戏应该不难，结果当我真正开始的时候，才发现这是需要技巧的，在边学边运送中，我最后的战绩可以运送了6个纸杯。儿子看到后，非常高兴，因为他虽然也是第一次玩这个游戏，但最后我们家取得了冠军的好成绩。

2号家庭爸爸：

我家女儿已经12岁了，周六上午接到参加活动的任务后，女儿非常感兴趣，当天晚上她就迫不及待地让我们与她一起准备活动道具进行练习。一开始，我们按照游戏规则进行，但女儿觉得这个规则有点简单，不具有挑战性，于是她提出要在纸杯中加入水，这样就增加难度了。运送的距离不变，但是杯子中放入水，难度还是增加了很多。加多少水合适呢？我们进行了讨论，最后一致认为，杯中的水可以由少到多。一开始，我们在杯子中都放入了四分之一容量的水，时间还是2分钟，看谁在这个时间内运送的水杯最多。难度果然大了许多，本来爸爸能运空杯子7个，现在只运送了3个；女儿之前能运送10个，现在也只运送了4个，我和爸爸一样也是运送了3个。在运送的过程中，为了防止有水的杯子掉到地板上，所以在一个人运送时，另一个人就拿着脸盆一路护送，还有一个人就在桌子上放着脸盆迎接，场面非常温馨，一家人其乐融融。

3号家庭妈妈：

我家在进行活动时，采用的是一个自定的游戏规则，我们没有进行运送，而是在桌子上并排放着4个杯子，第一个杯子不放任何东西，从第二个杯子开始，每个杯子中都盛有水，从六分之一容积的水量到三分之一、二分之一，然后每个人一个气球，要求把桌面上所有的杯子都通过气球吊离桌面至少10厘米以上，接着要求水不漏出来地重新把杯子放到桌面上，所有杯子都被吊起者为胜。双手还是放在背后，不能碰到气球或者杯子。计时开始，首先是我的挑战，吊起第一个杯子毫不费劲,在吊第二个的时候,我觉得也可以,但到第三个时,难度就有点大了,因为杯中有水,气球能撑住的杯壁就少了一些,因此需要把气球吹得更大一点才能撑住杯壁,加上杯子比之前重了,所以我试了好几次才成功。最后一个杯子的水实在有点多了,我尝试着将气球吹得再大一点,但是因为太重,尝试了很多次都没有成功,最后我觉得时间已经过去很久了,就放弃了挑战。轮到孩子挑战了,她在吊前面3个的时候,也没有碰到多大的阻碍,但到最后一个时,她尝试了好几次,也都失败了。当我们觉得她会放弃时,只见她尽管小脸涨得通红,脸上也渗出汗水了,但丝毫没有要放弃的想法,经过一次又一次的尝试,她终于看到了希望,最后小心翼翼地把盛着二分之一水的杯子吊了起来。成功了!孩子高兴地跳了起来。爸爸看到孩子挑战成功了,也早就想着试试了,通过努力爸爸也挑战成功。虽然我没有成功,但是看到他们高兴的样子,我也感到非常开心。

游戏提示

1. 此游戏适合8~12岁孩子的家庭。
2. 活动宜选择易吹的较薄的气球,便于各年龄段的孩子吹。
3. 鼓励孩子多尝试,不要轻易放弃挑战。

家长感言

- 我家女儿只有10岁,她非常喜欢这个活动,虽然当时我们进行了一局比赛,已经分出胜负,但是孩子还想再进行第二局的比赛和第三局的比赛,因为她觉得自己最后一定会胜利的。看到女儿那么执着的样子,虽然觉得这个游戏对我们大人的挑战性不是很高,但还是陪着女儿一遍又一遍地完成了活动,看到女儿脸上洋溢的笑容,我们也觉得,这样的活动是可以增进我们一家人之间的情感的,所以我和她爸爸都没有任何怨言,陪着孩子玩到了尽兴。最后女儿是非常满足地和我们一起收拾物品,这时光也成了我们快乐的回忆。

- 我们家孩子10岁,我们在挑战时是增加了难度的,每个杯子内都倒进了水,挑战的时候,我们非常小心,生怕把水倒在地上。从孩子参与的活动中,我们惊喜地发现了孩子的一个特点,就是他非常有耐心。有几次,我和他爸爸都觉得想放弃挑战了,但是孩子一直在鼓励我们,还十分耐心地教我们如何做到将水杯吊起,看着他耐心细致地指点,我们都觉得不好意思,就配合他继续挑战。最让我们惊讶的是,孩子能用科学中学到的关于摩擦力的知识为我们讲解原理,忽然之间感觉儿子已经长大了。

● 我家有两个孩子,一个9岁,一个11岁,从这个活动中我深深感受到两个孩子性格上的迥异,9岁的妹妹一直都不服输,虽然她总是挑战失败,但还是一次又一次地让我们陪她挑战,但是11岁的哥哥却总是想放弃。面对两个孩子的性格特点,我们想到的是一定要用不同的教育方式。因此通过这个活动我们就有意识地进行了引导,对哥哥就是不断地激励,让他看到希望,在我们的激励下,哥哥最后完成了挑战,并体会到了成功的喜悦。对于妹妹,我们需要做的就是陪伴,直到她自己完成挑战。

专家评析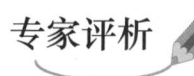

"球吊纸杯"是一个不简单的游戏,需要一定的技巧,这个游戏经常会用在团队建设中。作为亲子活动,需要家长引导的是难度增加后的挑战,因为在这个挑战中,考验的是孩子的耐心、耐力和身体的协调性。特别是在挑战中失败后,如何去面对挫折,需要家长真正了解孩子的特点,并且帮助孩子正确地去解决问题,树立不畏困难,勇于挑战的优秀品质,把孩子培养成坚强而有毅力的人。

游戏8　巧探地雷

精句共读：在孩子出现问题后，不要光顾着指责和抱怨，要用心去弄清楚问题背后真正需要的是什么，要懂得适时的审视和反省自己，并在孩子最需要的时候，陪伴在他身边，多花点时间在孩子身上吧！

 游戏目标

1. 通过游戏活动，让孩子感受到大自然的美丽风景，以及调节情绪。
2. 让孩子在活动中了解自己的潜能，增强自信心。
3. 通过游戏启发孩子的想象力和创造性，提高解决问题的能力。

 游戏准备

1. 活动在室外进行，建议在相对人少的公园或者乡村空地。总活动时间约40分钟。
2. 工作人员事先把不同类型的"地雷"（形状像地雷的小玩具）藏到室外的各个地方，如石头底下和草丛中等。
3. 准备用于装"地雷"的小篮子若干。
4. 准备适合孩子需求的奖品若干。

 游戏步骤

1. 活动带领者告知游戏规则。
（1）所有人同时开始在规定的范围之内寻找"地雷"。
（2）15分钟后所有人回到指定位置，以家庭为单位，统计"地雷"个数。
（3）根据"地雷"个数，按各个家庭从高到低的顺序参加有关"地雷"知识的问答。5个必答题都按照前面的家庭回答不上后，再轮到后一个家庭回答，以此类推，直到有家庭回答出来为止。如果一轮之后，还没有家庭回答出来，那就跳过这个问题。每答对一个问题得2分。
（4）5个必答问题之后，设置5个抢答题，由各个家庭的孩子进行举手抢答。抢到答题机会后，也可以让父母回答。每答对一个问题得2分。
2. 游戏过程。
（1）所有人共同参加"巧探地雷"活动，活动时间为15分钟。
（2）"地雷"知识问答，时间约为15分钟。
3. 集体分享活动的体会，时间为10分钟。

 精彩片段

活动带领者上场。

大家好！欢迎今天来参加"探地雷"游戏的5组家庭，分别为1～5号家庭。我们的工作人员已经在你们到来之前把100个"地雷"埋在了我们所在位置的方圆500平方米的地方。因为是"地雷"，所以工作人员在埋的过程中会根据地形、地貌等特点把"地雷"隐藏好。要特别提醒的是，工作人员除了地上，也可能把"地雷"埋在地下，所以你们掘地三尺后，说不定就能找到"地雷"了。

大家现在不要着急，我们"巧探地雷"的时间是15分钟，在我说开始后，你们就可以分头去寻找。15分钟之后，请大家把找到的"地雷"收集好带到工作人员的工作台上集中。清点数目后，再根据你们探到的"地雷"多少进行答题。祝愿你们在第一关就能取得好成绩。

"巧探地雷"活动开始!

话音刚落,1、2、4、5号家庭的孩子"嗖"的一声就跑开去寻找了,而3号家庭的孩子却没有急着跑开,她拉住爸爸妈妈的手说,我觉得"最安全的地方最危险",我估计我们站的地方就应该有很多"地雷",我们现在来找找看。说完,她自己马上蹲下仔细观察了地面的情况,不时地还用脚去拨动地面。忽然,她发现一个地方的土比较松软,急忙找来一根小棍子开始刨,没几下,果然被她找到了一个"地雷"。3号家庭的孩子高兴地叫了起来,"我找到了,我找到了!"一阵叫声引来了其他人羡慕的眼光,也加快了他们"探地雷"的脚步。

不一会儿,2号家庭的爸爸在台阶边上的缝内找到了一个"地雷",惹得大家在上台阶的时候都弯下了腰,生怕自己错过了"地雷"。慢慢地,许多人都纷纷找到了"地雷"的藏身之处。有在树下的,有在垃圾桶边上的,还有用树叶遮住的,一个又一个"地雷"被大家探到,15分钟很快过去了,随着一声哨响,所有家庭的成员都从各个地方回到了集中地。

大家把"地雷"放在了事先准备好的桌子上。经工作人员清点:5号家庭找到的"地雷"是最多的,共有11个,另外3号家庭有9个,1号家庭8个,4号家庭7个,2号家庭最少,只有5个。

5号家庭在获得最多的"地雷"后,孩子给大家分享了自己的活动心得。他说:我家能找到这么多个"地雷"是因为我和爸爸妈妈进行了分工,不是三个人都往一个方向找,而是我们商量了有可能藏"地雷"的地方后,就每个人负责一块地方,然后地毯式地寻找。在我们每个人的努力下,我找到了4个"地雷",妈妈也是4个,爸爸找到3个,加在一起就是11个了。所以我觉得这个活动主要考验的是我们合作的方式。

其他孩子也纷纷谈了自己的想法。

活动带领者小结并进入下一个环节的过程。

现在我们可以根据探得"地雷"的多少进行下一轮的比赛。首先是5个必答题,每答对一题加2分,没有答对不扣分,但是没有答对后,就要往后轮到下一个家庭回答,一直到答对为止。有机会第一个回答问题的是5号家庭。请听题!

第一题,地雷按用途分,可以分为哪几种?

第一题的问题看似简单,但当5号家庭一听到这个问题时,还是有点懵了,1分钟之内没有回答上来,只能把这个机会让给了下一个家庭——3号家庭。听到可以轮到自己回答了,3号家庭的孩子高兴地回答道:地雷一般有防坦克地雷、防步兵地雷和特种地雷。特种地雷又分照明雷、信号雷、化学雷、核雷等,并且近年又新出现了反直升机地雷。从3号孩子的回答看,他显然之前是有准备的。回答非常正确! 3号家庭加2分,听到加分,3号孩子更加高兴了,就等着之后再有机会给他了。

第二题……

5个必答题之后,5号家庭获得了2分,3号家庭获得了4分,另外1号家庭2分,4号家庭也得了2分。2号家庭因为都是轮到最后,所以5个必答题,他们家庭一个都没有轮到。但是看得出,2号家庭的孩子并没有因为轮不到答题就十分沮丧,相反,看他们跃跃欲试的样子,好像是想在抢答题中争取好成绩。

5个抢答题准备开始问了。2号家庭的孩子时刻关注着,等活动带领者一说开始他就举手了。果然,2号家庭孩子的抢答速度是最快的,答题权抢到了。值得幸运的是,需要回答的题目比较简单,2号家庭获得了2分。

抢答持续中,最后2号家庭又抢答到了1题,共得了4分,5号、3号、4号家庭各得了2分。这一次抢答环节,1号家庭没有得分。

最终,获得这一轮答题活动第一名的是3号家庭,共计6分。

获得第一名的3号家庭的孩子说:在"探地雷"的时候,我们家庭找到的不是最多,但是我觉得游戏没到最后,都不要失去信心,因为之后的结果完全有可能会发生变化。我要感谢爸爸在来参加活动之前,让我学习有关地雷的知识,没有想到在活动中就用上了,还让我们的成绩领先,获得了第一名。感谢大家的激励,让我们一起加油!

其他各个家庭的孩子也都进行了分享。

活动带领者根据各个家庭的分享做出小结:今天我们进行的是"巧探地雷"游戏,其实主要是希望大家在活动过程中,能关注孩子参与活动的特点。通过刚才孩子们的分享,我们不难看出,每个孩子都有自己的想法,有些想法可能还比较幼稚,但这就是孩子们探索世界的起点。如果家长能有计划地带孩子到户外进行活动,孩子就会在你们的带领下,学到书本上无法学到的一些知识,通过课外知识可以培养孩子们开阔的眼界、灵活的思维以及影响力和创造性。希望家长们今后有机会一定要多带孩子出门走走,既让孩子感受大自然的魅力,又能学到一些课本上学不到的知识。

游戏提示

1. 此游戏适合8～12岁孩子的家庭。

2. 选择活动场地的时候,注意尽量选择适合孩子安全活动的地方,避免深水潭和悬崖地段等。藏匿地雷的时候也要尽量选择安全的地段,适合孩子寻找。

3. 地雷知识的选择需要适合孩子的年龄特点,建议活动之前先整理一份关于地雷知识的资料,让孩子们在家中进行学习准备,便于在现场回答问题。

家长感言

- 我家儿子12岁,是一个军事迷,听到有机会参加"巧探地雷"的活动,他整整一周都处在兴奋状态,有时还嫌弃我们教他的地雷知识太简单。每天做完作业后,还常常央求我们让他上网查询,收集很多关于地雷的资料,甚至还查阅了关于地雷化学物质的组成特点等。看到儿子这么喜欢这方面的知识,我们也配合地给孩子买了一些这方面知识的书籍。在活动中,儿子非常积极,一路上忙着给我们讲解,哪些地方是适合藏地雷的,用什么方式可以解除地雷的危险,俨然是一个军事专家。后来,在抢答题环节,几乎每道题他都知道,因此,我们家幸运地获得了第一名。这次活动再一次激励了儿子学习军事知识的动力。

- 我家孩子是女孩,感觉她对地雷的相关知识不是很感兴趣,但是她对如何寻找地雷还是有好奇心的,可能找东西是孩子天生的爱好。在活动现场,女儿也非常仔细,不想错过任何一个可以藏东西的地方。在找到地雷的时候,她会特别开心,发出哈哈哈的大笑,这种笑声,绝对是发自内心的。看到女儿开心的样子,我们觉得这个活动对孩子是非常好的,这种感受一般只有身在大自然中才会出现。所以这份开心快乐是我们在这次活动中最大的收获。

- 参加这次活动,我们是抱着感受大自然美丽风景的想法来的,没有想到的是,在活动中我们不仅收获了美景,还交到了好朋友。平时,孩子和自己班级的同学交往比较多,而这次有许多来自不同学校的孩子,通过一起活动,孩子们很快就熟悉了。特别是我家儿子是一个"自来熟",一场活动后,他就交到了两个好朋友,后来还相互留了联系方式。活动结束后,我们在儿子的建议下,还共同组织了几次活动,不仅收获了孩子的友谊,也收获了我们大人之间的友谊。

专家评析

"巧探地雷"是一个比较传统的游戏,特别是在过去,受到电影《地雷战》的影响,许多孩子,特别是男孩都很喜欢这样的游戏,因为这个游戏不仅可以体现一个人的侦探能力,还能展示反侦探的能力。把这个游戏作为亲子活动,除了可以考验家庭成员之间的相互配合,还可以帮助孩子对活动过程进行思考,特别是锻炼自己方位感的能力。这个活动还可以衍生为定向活动,在家庭成员之间的商讨中锻炼孩子的定向思维能力。

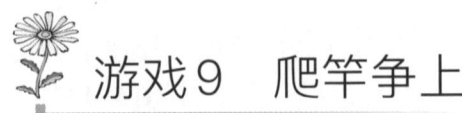

游戏9　爬竿争上

精句共读：挫折并不可怕，一味的逃避只会陷入更大的困境。孩子在成长的道路上不可能都是一帆风顺的，父母们不妨放开紧握的双手，让孩子从跌倒中站起来，从而茁壮成长吧。

游戏目标

1. 通过游戏活动，让孩子学会爬竹竿的技巧，提高身体的协调性。
2. 通过比赛，培养孩子的竞争意识和抗挫折的能力以及合作的精神。

游戏准备

1. 游戏场地以开阔平坦的室外为宜。
2. 准备6根竹竿，高度约为4～5米，在室外固定好，在3米处标上红色的记号。
3. 准备活动计时用的秒表、标有序号可以粘贴在身上的牌子等。

游戏步骤

1. 活动带领者告知游戏规则。

（1）本次活动"爬竿争上"共分两轮比赛,第一轮为孩子独立参与爬竹竿的比赛,第二轮为一家人参加爬竹竿的比赛。

（2）按照爬竹竿的要领进行攀爬,两手交替往上拉,两腿夹住竹竿。当两手往上一拉时,身体便往上一缩,两腿往上一抬就紧紧地夹住竹竿,双手和双脚迅速交替向上。每一轮比赛以爬到规定的离地面3米处为准,竹竿上用红线标出。

2. 活动过程。

本次活动总分为两轮比赛的得分相加。

第一轮为孩子独立参与爬竹竿的比赛。要求孩子从规定的地点出发,然后快速跑到竹竿下,抓住竹竿往上爬,爬到规定的位置后马上滑下,然后跑到出发的地点,根据用时的多少计分。第一名记6分,第二名记5分,以此类推,最后一名记1分。

第二轮为家庭爬竹竿的接力比赛。要求每个家庭的成员从规定的地点出发,然后到竹竿底下后,爬到规定的竹竿位置后滑下,然后再跑到出发的地点拍一下下一位家庭成员的手之后,下一位家庭的成员马上出发,然后爬到规定的竹竿位置后滑下,再跑到出发的位置拍一下最后一位家庭成员的手之后,最后一位家庭成员在完成规定的任务后,返回到出发点,接力比赛结束。根据各个家庭所有成员的用时情况计分。第一名记6分,第二名记5分,以此类推,最后一名记1分。

3. 根据两轮比赛的分数进行相加,评出一等奖1名,二等奖2名,三等奖3名。

4. 集体分享活动的体会。

精彩片段

活动带领者上场。

大家好！欢迎到场的6组家庭的爸爸妈妈和孩子们,今天将在这里进行的是"爬竿争上"的游戏,这个游戏有比较大的挑战性,但是相信所有的人都会有信心去完成。

今天到场的6组家庭,已经根据你们到来的顺序给大家都贴上了家庭的编

号,分别为1～6号。今天的比赛一共分为两场,一场是孩子们之间的较量,一场是家庭之间的竞争,以最快速度完成规定的任务为最优秀,我们会把两场比赛的成绩进行相加,最后评出一、二、三等奖。

在正式比赛之前,大家可以进行10分钟的练习。每个家庭一根竹竿,因为每个人都会参与比赛,所以你们的家庭成员可以轮流练习,掌握爬杆的技巧。在你们练习之前,我们的工作人员会给大家做演示,希望所有的成员都能认真学习。最后提醒在练习的过程中,大家一定要注意安全!

10分钟的练习时间已到,现在将进行第一轮的正式比赛!请各家庭的孩子站在规定的出发点,家长都站到孩子的后面。

活动带领者一声令下,所有的孩子都跑向了竹竿处。5号家庭的孩子跑得最快,他一到竹竿下,身子就往上一跳,双手抓住竹竿,两脚马上钩住了竹竿,随着双手的不断往上,他就像是一只灵巧的猴子,毫不费力地越过了3米的规定线,然后"哧溜"一声,就滑到了底部,跑回了起点。5号家庭的孩子获得了第一名,计6分。这时,竹竿上还剩下3个家庭的孩子,爬的最低的是3号家庭的孩子,因为有点胖,所以他爬得有点费劲,但是也已经爬到了一半,爸爸妈妈在起点不断给他加油,这时,已经回到起点的孩子也转身为3号家庭的孩子加油鼓劲。3号家庭的孩子脸上已经渗出了汗珠,抓住竹竿大口地喘气着。这时,他深吸了一口气,然后把手往上一抓,屁股一撅,双脚就往上移动了几厘米,看到有变化,大家也都非常高兴地为他加油。这时,在竿上的还有6号家庭的女孩,一开始,她还是一个劲往上,但是看到有点高了之后,她往下看了看,就停住了,有点不敢再往上的样子。此刻她爸爸来到了离她稍近的地方,对她说,不要往下看,你再往上几步,手超过离你现在最近的竹节后,就到达规定的位置了。6号家庭的孩子看了看上面的竹节,确实已经不远了,她回头望了爸爸一眼,然后把一只手往上一移,另一只手就抓到了竹节,然后她将身体都往上移动,双脚再往上一用力,很快就超过了规定的红线。她爸爸忙说,已经到了,可以下来了!这时,6号家庭的女孩也不知道是不是因为害怕,应该下来的时候,她反而又停在了竹竿上。这时,6号家庭的爸爸又进行了现场指导,让女儿把手先往下抓住后,然后再放开脚,就这样慢慢移动身子。于是6号家庭的孩子小心翼翼地往下滑动,总算到了竹竿底下,她长长地舒了一口气,然后跑回了起点。这时,3号家庭的孩子还在竹竿上,差几厘米就到规定位置了,所有人都在给他喊加油。看到大家的呼声,3号家庭的孩子一使劲,总算双脚越过了竹竿上标着的红线。3

号家庭的孩子迫不及待地就往下滑了，速度非常快，到了地面后，缓过一口气就回到了起点。

第一轮比赛结束，所有的孩子都完成的任务，获得第一名的是5号家庭，计6分，2号、4号、1号家庭分别得了5分、4分、3分，6号家庭得了2分，3号家庭1分。

因为孩子们刚刚参加完比赛，所以利用休息时间让孩子们进行分享，他们会特别有感觉。

5号家庭的孩子说：今天我虽然取得了第一名，但是我认为值得学习的是3号家庭的孩子，他因为身体的缘故，爬竹竿确实比较困难，但是他一直没有放弃，而且我看到他在竹竿上时，已经快往下滑了，但他还是调整了一下自己的身体，用双脚紧紧钩住竹竿。另外，在他不小心将一只鞋子掉下来的时候，他还索性把另一只鞋子脱了后继续往上爬。我觉得，他这种坚持不懈的精神非常值得我们学习。还有6号家庭的孩子也是这样，女孩子可能比较胆小，但是她也没有放弃比赛，所以我觉得在这次活动中，我们所有的人都是棒棒的。

其他各个家庭的孩子也都分享了自己的想法。

分享结束后，进行第二轮的比赛，所有家庭成员都一起参与。因为有了第一轮的积分，各个家庭在游戏策略上也进行了调整。3号家庭的妈妈决定自己先上，争取一开始就不落在后面，6号家庭是爸爸首当其冲，5号家庭的孩子还是排在家庭成员的第一个。这时的场上，有孩子、有妈妈、有爸爸，场面非常热闹。在第一个成员的比赛中，还是5号家庭的孩子速度最快。后面的接力中，有的家庭成员还将长裤往上卷，露出了腿，紧紧地钩住竹竿；有的家庭成员弹跳力好，身材又高，一跳，手就抓住了差不多2米之处，再往上几下就到了规定的位置。各个家庭成员如同八仙过海，各显神通。最后，5号家庭所有的成员最快到达目的地，1号、2号、6号依次到达目的地，最后到达的是4号和3号家庭。

经过两轮得分的统计，5号家庭获得了一等奖，2号、1号获得了二等奖，其余的家庭获得了三等奖。

在各组家庭的成员进行分享后，活动带领者做出小结：非常感谢各家庭成员的参与，虽然最后我们分出了奖次，但是就像刚才3号家庭的妈妈所说，名次是次要的，勇于参与就是优胜。确实，在生活中我们每个人都有自己的优缺点，但是只要在困难面前不低头，勇于去挑战，每个人都是最棒的。在今天的活动中，令我感动的是两个小女生的参与。其中，2号家庭的小姑娘还非常瘦小，

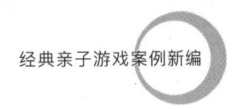

我们都觉得她可能没有足够力气爬上竹竿,但是她在活动中就像是一个"女汉子",表现得非常勇敢,还给妈妈鼓劲,最后他们家庭也取得了比较好的成绩。

各位爸爸妈妈和孩子们,今天的活动只是你们生命中遇到的一次挑战,今后,你们还会遇到各种各样的挑战,希望你们在挑战面前能一如既往地勇往直前,就像爬竹竿一样,节节高!

游戏提示

1. 此游戏适合8～12岁孩子的家庭。

2. 参与游戏的家长和孩子一定要穿宽松方便的运动服,并在参加游戏前,尽量做一下热身活动,以免在活动中身体受到伤害。

3. 游戏中如果出现有孩子不敢参加这个活动,特别是年龄比较小的孩子,可以让父母在比赛的时候站在竹竿下面进行保护,避免发生意外。

家长感言

- 我家女儿从小就喜欢运动,爬上爬下是她的乐趣,之前带她去乡下竹林玩的时候,她不用我们说,看到比较粗壮的竹竿,自己就往上爬,所以这次活动对她的挑战性不是很大。但是在活动中,我看到孩子身上表现出来的乐于助人的品质。在活动中,还有两位女孩参加,她们在练习的过程中,就表现出了畏难的情绪,我家女儿看到后,马上主动地给她们做演示,然后交给她们一些技巧,不断地鼓励她们去尝试。在女儿的带领下,两个女孩子放下了矜持,顺利地学会了爬竹竿的技巧。后来,她们3个人还成了好朋友,这是我觉得这次活动带给我们家最大的收获。

- 我家儿子是第一次参加这样的活动,之前孩子曾经和社区的小伙伴玩过爬树,但是,他一直不敢爬上去,原因是他说恐高,担心掉下来。这次的活动,让我们感到最大的欣慰就是,儿子不仅没有因为恐高而放弃比赛,反而在这样的环境中,他表现得非常好。在和儿子的交流中,他说之前在社区是自己玩,但是在这里,当着那么多人的面,不能给自己的家庭丢脸,所以他努力克服自己的恐惧,为家庭赢得了荣誉。

- 爬竹竿的游戏在我们小时候会经常玩,这个游戏需要耗费很多的体力,但是也非常有趣。我们一家人玩得非常开心,甚至在玩的过程中还进行了表演,就是用一只脚钩住竹竿,另一只脚撑开。孩子妈妈柔韧性更好,她除了把一只脚撑开,还将一只手打开,就像是杂技演员的表演,赢得了现场所有人的称赞,孩子也感到特别荣耀。这个活动让我们全家都感到非常开心。

专家评析

"爬竿争上"是民间比较常见的一项游戏活动。在物质缺少的年代,爬竹竿是很多男孩子乐此不疲的游戏,这个游戏可以锻炼一个人的手脚协调能力,也可以帮助孩子克服恐高的心理。在亲子活动中,游戏可以增强亲子之间的和谐关系,看似简单的活动,却需要孩子具备较强的坚持能力,特别是遇到困难的时候,需要加强对孩子坚韧品质的培养,不轻言放弃,让孩子能看到自身的能力。

游戏10　速滚铁环

精句共读：孩子就像一个圆，圆圈外是你未知的，圆圈内是你已知的。你陪伴孩子的时间越多，你孩子圆圈内的半径就会越大，你对孩子的了解就越真实。

游戏目标

1. 学会滚铁环的技巧，能独立完成滚铁环前进至少30米的距离。
2. 培养孩子手眼的协调能力，掌握保持铁环平衡的能力。
3. 通过活动，树立孩子竞争的意识，培养坚强的毅力。

游戏准备

1. 游戏的场地以开阔平坦的室外为宜。
2. 准备至少10套铁环，建议用直径为48厘米的实心加粗款的铁环。
3. 准备活动计时用的秒表、活动白板和标有序号可以粘贴在身上的牌子等。

游戏步骤

1. 活动带领着告知游戏规则。

（1）本次亲子活动"速滚铁环"共分三轮比赛，第一轮孩子独立参与，第二轮父母一方参与，第三轮为一家人共同参与。

（2）个人项目要求铁环不出赛道，顺利通过障碍，并不影响他人，必须在推铁环不失控的前提下比速度。接力竞技项目除保证上述条件外，还必须保证在接力区内，完成传接任务的情况下比速度。如果出现铁环出了跑道，或者铁环倒地了，或者没有按要求绕过障碍物等，都需要从起点重新开始。

2. 活动过程。

本次活动总体分为三轮竞技得分。第一轮由孩子独立完成30米滚铁环路程，记录好每个孩子所用的时间，并根据时间的快慢统计得分。第二轮为父母一方参加，增加障碍物的30米滚铁环，家长完成后记录所用时间并统计得分。第三轮是全家接力完成任务，爸爸、妈妈和孩子各完成20米滚铁环路程，增加亲子合作完成的难度，完成后统计得分。最后把三轮活动的得分相加，评出一二三等奖。

3. 集体分享活动的体会。

精彩片段

活动带领者上场。

大家好！欢迎到场的5组家庭的爸爸妈妈和孩子们，今天我们将在这里开展的是"速滚铁环"的活动，这是一个既有趣又需要技巧的活动。

今天到场的5组家庭，根据孩子的抽签决定家庭的编号。现在，我们每个家庭都贴上了自己的编号，在正式比赛之前，我们每个家庭可以领到两个铁环进行10分钟的练习，在练习的过程中，各个家庭可以根据家庭中成员的特点确定好第二轮的参加人员和第三轮家人的出场顺序。

现在进行正式比赛！请各组的孩子站在赛场30米的起点，听到哨声后，开始前进，如果中途铁环出了赛道，或者铁环倒下，都要从起点重新开始。各位爸爸妈妈只能在赛场外观看，不要影响孩子的比赛。

2号家庭的孩子第一个离开起点，看他非常轻松地往前小跑着，其余家庭的孩子随后追上。5号家庭的孩子明显比其他家庭的孩子要慢，而且感觉铁环随时都有倒下的样子，场上的观者都为他捏了一把汗。2号家庭的孩子很快就到

了终点,5号家庭的孩子才走了一半,不巧的是,5号家庭的孩子因为走得太慢了,铁环还是倒在了地上,他不得不又回到起点重新开始。这时场上还有两位孩子,5号家庭的孩子回到起点后马上又出发了,这一次,他不再是小心翼翼,他看到铁环稳定之后,加快了速度,没想到,铁环因为速度加快后,居然非常稳定地往前走了。很快,5号家庭的孩子这一次顺利地到达了终点,虽然时间比其他孩子要长一点,但还是成功地把铁环滚到了终点。这一轮各个家庭的得分情况为:2号家庭5分,3号家庭4分,1号家庭3分,4号家庭2分,5号家庭1分。

第二轮比赛是家长。这一轮比赛中,赛场上多了3个障碍物(路障),家长需要绕过障碍物然后再前行。1号、4号、5号家庭派出的是爸爸,2号、3号家庭派出的是妈妈。这一轮中,家长们各显神通,都非常努力地往前滚动铁环,其中1号家庭的爸爸一不留神把铁环滚出了赛道,幸好离起点不远,他马上回到了起点,再次启程,居然还超越了3号家庭妈妈,取得第4名,得了2分。其他家庭的得分为:4号家庭5分,2号家庭4分,5号家庭3分,3号家庭1分。

第三轮的比赛是全家总动员,需要家庭成员进行接力完成,每个人要滚铁环20米,在起点和终点也放上了障碍物,接力区就在障碍物外围,如果不按要求进行区域接力,必须回到接力区再次交接。每一个家庭可以根据自己家庭成员的特点进行排序。现在请第一棒做好准备,第二棒的选手到20米处等待接力,最后一棒的选手站在40米的折回处等待接力。从场上的情况看,大部分家庭选择爸爸为第一棒,妈妈为第二棒,2号家庭的组合却是孩子第一棒,爸爸第二棒,妈妈第三棒。另外,还有5号家庭是妈妈第一棒,爸爸最后一棒。无论怎样的组合,都让我们拭目以待。

激烈的比赛开始了,场上的"硝烟味"越来越浓,第一棒的选手都非常厉害,几乎都同时交接给了第二棒的选手,但是在交接的时候,还是有家庭出现了问题,如3号家庭的爸爸在赛道上表现不错,但是在交接给妈妈的时候有点心太急了,一松手,铁环就失去了方向,等妈妈追回的时候,其他组的家庭都已经出发了。第二棒之后,各个家庭的差距就比较大了,最后一棒的接力显得更加激烈。有迎头赶上的3号家庭,有一直领先的2号家庭,还有几个家庭也是你追我赶的。

最后,经过各个家庭成员的努力拼搏,2号家庭获得了一等奖,4号、5号家庭获得了二等奖,1号、3号家庭获得了三等奖。

2号家庭的孩子发表了获奖感言,他说:我们家能获得一等奖,其实是有战术考虑的。特别是最后一次接力的比赛,因为看到其他家庭都是派爸爸作为第一棒,所以我们的考虑是,第一棒只要不出意外,一般不会相差很大,于是决定让我上,事实上我和其他的爸爸妈妈相差不大,然而,后面的选手因为有差距,孩子毕竟小,心理素质一般不是很好,所以容易出现状况,我们家爸爸在后面就非常顺利,这个战术有点像"田忌赛马",该活动让我深深感受到战术的重要性。

其他各组家庭的孩子也进行了分享。

活动带领者根据各组家庭的分享做出小结：真心感谢各位家庭的参与,这个活动看似简单,但在真正的实践中并没有想象的那么容易。在刚才的分享中,大家也说到了技巧和心理素质,确实,在生活中我们有时并不是做不好一件事情,可能在一些紧急的关头,会出现短暂的慌乱心理,于是就会影响整个过程。希望大家在今后的学习和生活中,要学会沉得住气,拥有良好的心理素养。

游戏提示

1. 此游戏适合8～12岁孩子的家庭。

2. 活动之前一定要让各个家庭做好铁环的选择,找到适合自己家庭的用于参加比赛,但是建议中途不要更换,除非铁环出了问题。

3. 活动的比赛只是一种形式,活动带领者要提醒家长和孩子不要太看重比赛的结果,活动之后的反思才是最重要的,可以带领孩子多总结,多反思。

家长感言

- 我家女儿之前从来没有玩过"速滚铁环"的游戏,所以在开始练习的时候,我们很担心孩子会不会因为不会玩而有情绪。让我们意料不到的是,女儿在看我们玩过之后,她很快就掌握了游戏技巧,别看她没有经验,但是一上手,感觉"铁环"就非常听她的话,一直由女儿带着往前走。看到女儿兴奋的样子,虽然最后我们没有取得好的成绩,但我们深深感受到了这个活动带给孩子的快乐,这份快乐也是我们做父母最期待着的,这样的活动今后我们还会经常带孩子参加,回去之后还想给孩子买一个铁环,让她的课余生活多一份开心。

- 我家儿子在玩这个游戏的时候,让我看到他身上一种诚实和不服输的品质。在第一轮的时候,他进行的不是很顺利,在中途的时候,他的铁环还跑到了别人的赛道上，其实只是越过了一点界线，其他人可能都没有注意到，但是他非常诚实地告诉活动带领者，自己出界了，然后他马上带着铁环跑到了起点，重新开始。看到其他孩子全部走在他前面了，于是他深吸了一口气，丝毫没有要放弃的想法，接着迎头往前赶。那时，有一个孩子在快到终点的时候，铁环倒下了，那个孩子不得已回到了起点，我家儿子这时更加奋力向前，一副要超越的样子。虽然最后他还是排在这组孩子中的倒数第二位，但是儿子的好品质让我深深感动。

● 我和孩子妈妈小时候都玩过"速滚铁环"的游戏，这次的参与让我们仿佛又回到了童年，加上和女儿一起参与活动，我们三个人玩得不亦乐乎。比赛场上，我们都很放松，虽然有比赛的氛围，但是我们没有因为比赛而产生压力，我们虽然经历了多次失败，但每一次失败后，我们都会积极地去面对，"跌倒了就爬起来，失败了重新再来"的理念是我们参加活动最大的体会，希望女儿在今后的人生道路上能真正明白这样的道理。

专家评析

"速滚铁环"是一项自娱性强，并能享受运动乐趣的游戏。这个游戏有助于提高人体的平衡性、肢体的协调，以及眼力，还可以提高四肢的活动能力，可以很好地训练孩子的体格。另外这个活动的道具虽廉价但实用，玩的时候也不限场地，随处可以游戏，所以一直深受少年儿童的喜爱。把这个游戏放在亲子活动中，可以通过"速滚铁环"的活动

中出现的各种不确定性因素，考验孩子的应对能力。这个活动运动量大，又灵活多变，需要消耗孩子许多体力，这就需要孩子具备顽强的意志，因此，家长在与孩子玩这个游戏的时候，可以从多个方面去引导孩子，锻炼孩子。

第四章 探索创新之美 激发孩子潜能

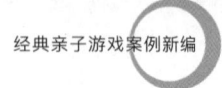

　　每个家长都希望自己的孩子能够出类拔萃,成为一个无比出众的人。但一个人是否优秀,不仅取决于他的学业成绩,更体现在他的创新意识和拓展能力。本章中,我们设计的游戏不但符合孩子的心理特点,还需要孩子具备较强的创新思维能力。创造性任务的完成,虽然让孩子感到比较艰辛,但也会使孩子感受到成功的快乐。在游戏中不断提出问题,让孩子挑战自我,尝试突破。通过一次次的体验,培养孩子的创新意识,激发孩子的内在潜能。

游戏1　做木头人

精句共读：自我控制体现了人的主观能动性，包括了"自律""自我教育"。自律是一种不可或缺的人格力量，没有它一切纪律都会变得形同虚设。

 **游戏目标**

1. 通过游戏活动，培养孩子的自我控制能力和意志力。
2. 在活动中，体验不同动作带来的快乐，并通过规定的体育动作锻炼孩子的身体素质。
3. 通过游戏活动，促进亲子之间的融合度。

 **游戏准备**

1. 游戏建议在室内进行，总活动时间约20分钟。
2. 活动区域建议在相对宽敞的地方进行。

 **游戏步骤**

1. 亲子之间设定好游戏规则。

基本规则：一家人在活动区域一边随意走动，一边齐声说："我们都是木头人，不会说话不会动，不会走路不会笑。"当说到最后一个字的时候，所有人都选择一个动作立刻静止，坚持1分钟不动不说话就代表着胜利。如果在1分钟之内违规，则可以按照一家人事先定好的方式进行处理。

2. 活动过程。

第一轮活动，可以按照传统的玩法进行。

第二轮活动，每个家庭可以根据基本的玩法进行创新设计，必须做到多样有趣。

3. 收集各个家庭活动的过程和感悟。

 **精彩片段**

本案例共收集到10个家庭的活动过程情况，选择其中3个家庭的活动展示，以供参考。

1号家庭妈妈：

我们家的活动是这样开展的，先是根据传统的玩法，1分钟之内不准说话不准动。后来，我们觉得1分钟不过瘾，就慢慢延长到1分半钟的时间和2分钟时间，再后来发现时间已经不是问题，大家基本上都能坚持，于是我们就三个人轮流当逗笑人，有了逗笑人，很快就有人败下阵来，并因此我们能欣赏到家人表演的节目，因为挑战失败的奖励是表演节目。半个小时的时间，我们在欢声笑语中度过，我们一家人都觉得这个游戏挺有意思的。

2号家庭爸爸：

我们家在做这个游戏的时候，考虑到孩子平时比较调皮，总是喜欢动，喜欢体育活动，于是我们一开始的时候就讨论了静止后的动作，要求每个人都是同一个动作，比如说，第一个动作我们规定是"蹲马步"，然后第一次的时间是坚持15秒，第二次要坚持30秒，第三次则要坚持1分钟。如果这个动作有1人没有通过，那就重新再做一次，如果全部通过，我们就再进行下一个动作的活动。我们设定的第二个动作是"金鸡独立"，这个动作有点难度，所以我们停留的时间是从5秒开始，依次到10秒、15秒、20秒。一开始，做这个动作孩子总是坚持不住，后来在我们的鼓励之下，孩子慢慢能站稳了，孩子有了一种成就感。我们设计的第三个动作是"弓箭步"，要求两手叉腰，这个动作相对比较简单，所以保持这个动作要求从30秒开始，然后1分钟，最后到1分30秒。后来，我们还想出了很多这样的类似动作，大部分都是孩子选择的，我们就配合他做，孩子非常开心，我们也因此锻炼了自己的身体，觉得这个游戏既有趣又有利于身体健康。

3号家庭爸爸：

我们家是4个人，姐弟俩一个10岁，一个8岁。在做这个活动时，我们有一个要求，就是在静止的时候，每个人都必须做一个表情，然后一定要看着某一个人，不能说话不能动，而且每一次的动作和表情都不能一样。如果有相同的动作或者在规定的30秒时间内违规，则需要进行适当的"奖励"，爸爸妈妈要求一次违规深蹲10个，孩子要求一次违规深蹲5个。特别有趣的是，我们每个人的表情总是随着动作不断改变，因为规定要看着某个人。开始的前几次，我们几乎都会同时被对方的表情逗笑，然后一起做深蹲，孩子们乐此不疲的。后来，我们觉得一定要锻炼自控的能力，特意地各自在边上进行了深呼吸的调整，终于我们都能做到30秒内不会再出现违规的现象，完成30秒的静止动作。孩子们在感受到活动的乐趣后，就想着挑战更长的时间，于是我们又进行了60秒的静止动作挑战。这一次挑战，需要面对面，手上可以拿一些道具。没有想到孩子们的想象力非常丰富，当得知可以拿家里的任何东西做道具后，他们就把床单、枕头、脸盆、瓶子都搬出来了，整个活动场面显得异常热闹。当然，我们也是有规则的，就是每个人都要把自己拿出来的道具在活动结束后重新放回原处。我们的活动进行了半个多小时，孩子们意犹未尽。

游戏提示

1. 此游戏适合6～12岁孩子的家庭。

2. 活动过程中，建议家长不要过于拘束游戏的规则，只要做到静止动作的要求，什么样的形式都可以。如果出现违规，则可以让孩子自己选择处理的方式，要尽量让孩子在活动中找到快乐。

3. 如果家里另有老人，建议大家一起参与活动，这样可以增加活动的广泛性，孩子也可以从不同的人身上获得更多的启发。

4. 这个游戏一般在家中比较宽敞的地方进行，但是也要注意安全，尽量不要做一些危险的动作，确保大家的人身安全。

5. 游戏的主要目的是让孩子学会自我控制，家长要尽量配合孩子的活动，多鼓励孩子找到学会控制自己的能力。

家长感言

- 我们家女儿非常喜欢这个游戏，能表现出她的表演"天赋"，惹得我和她妈妈常常忍不住笑了，我们因此也满足了她提出的很多要求，如我们输了后，我们就要背着她绕家里走一圈，或者让我们两个人给她"抬花轿"。无论女儿提出什么要求，只要我们能做到的，我们都会按照她的要求去做。因为，让孩子在活动中得到自控能力的训练，能让她与我们更加亲近，这样的要求我们认为是能促进我们家庭和谐的，所以这个游戏今后可以经常进行。

- 这是一个虽然简单但却很有意义的游戏，我家儿子每次玩这个游戏都特别兴奋。这个活动是不断升级和变化，从而让我们看到了孩子的想象力，他总能找到一些比较奇怪的动作，而且这些动作配上他的表情，感觉孩子就是一个可爱的小精灵。我们觉得这个游戏最难能可贵是，儿子还把整个活动的过程写成一篇文章，被老师当作范文朗读给全班同学听，后来经过语文老师的推荐，这篇文章还刊登在一张报纸上，这个游戏现在成了一家人每周必玩的活动。

- 这个游戏带给我们家庭最大的好处是，让我们不仅享受了游戏的乐趣，也让我们锻炼了身体。每一次活动，儿子总会想出几个锻炼身体的动作让我们配合做静止动作，几次活动下来虽然感觉有点累，但是也趁这个机会让自己运动一下。游戏的开展，让我们都放下了手机，陪着孩子真正地融入活动的体验中，使一家人其乐融融，开心过好每一天。

专家评析

"做木头人"游戏的亮点，是可以使一个原本热闹的场景快速安静下来，也让每个人学会了如何自我控制的能力。但是"玩无定法",这个活动运用到亲子的活动中后,是可以加入很多元素,并发挥孩子们的想象力和创造力,因为不同的玩法可以让孩子得到不一样的训练和成长。在活动的过程中,需要家长们多与孩子沟通和交流,特别是要感受活动本身带给我们的成长意义。

第四章　探索创新之美　激发孩子潜能

游戏2　挑游戏棒

精句共读：俗话说"慢工出细活，人生无捷径"，慢慢来，就是快。不走捷径就是最快的捷径，这是工匠的行事风格。哪怕十年只磨一剑，哪怕一生只有一件作品，也要一丝不苟，绝不马虎。

 游戏目标

1. 通过活动，锻炼孩子的手部肌肉和手眼的协调能力。
2. 在游戏活动中，培养孩子的观察能力和竞争意识。
3. 通过孩子与家长在活动中的变化表现，树立孩子的创新和协作精神。

 游戏准备

1. 游戏建议在室内的餐桌上或者客厅内进行，总活动时间约30分钟。
2. 准备游戏棒，建议长度20厘米左右。

 游戏步骤

1. 活动前准备。

孩子与家长一起准备游戏棒,可以就地取材,也可以网上购买,材料不限。

2. 活动过程。

(1)确定活动的规则。

(2)每个家庭可以根据家中成员确定活动的次数和顺序,如为了相对公平,3个人的家庭可以根据三局定输赢,第一局,爸爸先开始,然后妈妈,最后孩子;第二局,妈妈先开始,孩子第二,爸爸最后;第三局,孩子最先,爸爸第二,妈妈最后。三局之后,统计每个人在三局中获得的游戏棒,最多者为胜。

每一局的活动规则是,第一个人把所有的游戏棒整理好抓在手心,统一高度后把手轻轻地放开,从散落的游戏棒中收走与其他游戏棒不相关的,然后通过各种方式取走剩下的游戏棒。注意取游戏棒的时候不能碰到其他游戏棒,否则视为犯规,取消本轮的比赛机会。换下一个人,把剩下的游戏棒重新整理好抓在手心,然后在统一高度把游戏棒撒下,然后在不犯规的情况下挑取游戏棒,以此类推。在取的过程中,一定要看准容易取的游戏棒,也可以用已经取过来的游戏棒挑,但在挑的过程中不能移动其他游戏棒的位置,假如移动了,停止本轮活动,再换人继续挑剩下的游戏棒。挑完所有的游戏棒,表示这一局的活动结束,然后统计每个人手上的游戏棒。三局之后,合计每人的游戏棒数量,最多者为赢家。

3. 开始活动。

4. 收集各个家庭活动的过程和感悟。

 **精彩片段**

本案例共收集到10个家庭的活动过程情况,选择其中3个家庭的活动以供参考。

1号家庭妈妈:

我们家用的是网络上买的塑料游戏棒,选择各种颜色的,这种游戏棒比较轻巧,也比较软,相对比较安全,因为我们家的孩子只有6岁,所以首先就想到了安全性。我们家在玩的时候,顺序的安排是非常公平的,孩子比较小,所以我们家爸爸就做了3张纸签,写上1、2、3,折好之后我们每个人选了1张,确定了活动的顺序是我第一，儿子第二，爸爸最后。儿子是第一次玩这个活动，刚好我给他做示范。第一局开始，我数好一把25根游戏棒，抓住后移到离地板大概10厘米的地方放开，这样，地面上就出现了一堆撒开的游戏棒，儿子看到后特别兴奋，觉得特别好玩。然后我取走了2根没有交叉的游戏棒，并用其中一根去挑其他的游戏棒，幸运的是，被挑的第一根没有对其他有任何影响，我把游戏棒收入手中。准备再挑第二根，可惜刚一碰到，其他的游戏棒就动了，这一轮失败了。轮到儿子，他学着我的样子把剩下的游戏棒抓在手心然后撒开，这一次，居然有4根游戏棒撒在一边，儿子开心地把它们一一收入手中，然后再仔细查看机会，寻找最合适挑的游戏棒。终于要对其中一根下手了，但毕竟儿子的小手不是非常灵活，一碰到就移动了。儿子看到自己手里的游戏棒比我多，还是非常高兴。轮到爸爸了，爸爸显然也是经验不足，手中的棍子一撒手，几乎都堆在一起，花了九牛二虎之力都没有获得1根。活动继续着，最后我得了12根，儿子得了9根，爸爸只得了4根。一轮下来，儿子觉得有经验了，兴致特别高，又开始第二局了。这个活动我们一直持续玩了一个小时，一点都不觉得累，这是一次非常开心的活动。从这个活动中，我们看到了儿子争强好胜的一面，每一局分享的时候，儿子都会仔细听我们说的一些经验，他便会在下一局中实施这个经验，所以后来的几局，儿子取得了比较好的成绩。

2号家庭爸爸：

"挑游戏棒"的游戏之前玩过，当时是在学校的一次亲子活动中，但那个时候只是我和孩子一起玩，现在家里可以3个人一起玩，我觉得可能会更加有趣。当和女儿说到我们要玩这个游戏的时候，女儿非常开心。可是，忽然想到我们家里没有像学校一样的游戏棒，那怎么办呢？我们就在家里到处寻找可以替代的游戏棒。正当我们一筹莫展的时候，女儿看到了餐桌旁的吸管就说"我们可以用吸管代替"。我们一看确实可以，女儿的这个建议非常好。于是，我们就用吸管代替了游戏棒进行活动。我们决定在餐桌上进行这个活动。我们一共数出20根吸管，因为吸管是圆的，容易滑开，所以女儿又想出了一个办法，把吸管压扁，这样就不易滑出去了。没想到10岁的女儿已经很会动脑筋了。第一局开始，我们是通过石头剪子布的形式决定了活动的顺序。女儿第一，妈妈第二，我第三。活动一开始，女儿把吸管一撒，局面还不错，有两三根是完全散开的，她开心地捡起了3根吸管，然后又小心翼翼地开始取其他吸管。一局下来,女儿通过自己的努力,拿到了最多的吸管。看到女儿开心的样子,我们都觉得这个活动不仅能给孩子带来快乐,而且还锻炼了孩子耐心的品质。

3号家庭妈妈:

我们家女儿已经9岁了,当我说要玩"挑游戏棒"的游戏时,她开心地说,这次活动她想用一次性筷子做游戏棒,而且还要把筷子涂上各种颜色,说要根据颜色计分。我们在她的指导下挑出了20根筷子,3根涂上红色,6根黄色,其余都涂了蓝色。女儿对我们说,之前我们玩的是看谁的游戏棒最多,但是今天玩的是看谁的积分多,红、黄、蓝三种颜色分别代表3分、2分、1分,最终我们要算出每个人所得的分数,分数最高者为胜。第一局开始了,我们用石头剪子布的方式决定了活动的顺序。爸爸第一,我第二,女儿最后。我们是在地板上活动,爸爸和我玩了之后,还剩下12根,女儿看到后,有点着急,因为虽然游戏棒还多,但是大多是蓝色的游戏棒了,所以女儿特别谨慎,这一局,她拿到了5根游戏棒,成绩非常不错。最后,我们算了手中游戏棒的分数,还是我最多,爸爸第二,女儿排在最后。女儿不甘心,拉着我们继续玩。后来女儿掌握了一些技巧,在条件允许的范围内,抢先把分值最高的游戏棒挑到,取胜的机会就多了。这种家庭活动,让我们觉得又回到了童年。

游戏提示

1. 此游戏适合6～10岁孩子的家庭。

2. 建议父母让孩子多动脑筋,尝试多种玩法,也可以寻找可以替代传统游戏棒的物品,例如,可以用棒冰棍子和烧烤竹签等,但是无论用什么材料的棍子,一定要注意保证安全。

3. 活动中尽量做到公平公正,不能因为孩子小或者哭闹就让着孩子,要有守规则和公平竞争的意识。

4. 活动结束后,注意一定要和孩子一起收拾好道具,养成好的习惯。

5. 活动的过程中,可以多让孩子谈谈活动的感受,多方面地了解孩子的内心世界。

家长感言

- 在这个游戏中,我所处的位置更多的是配合。因为这个活动的主角是儿子,我看到了儿子的组织能力和创新能力。先是他找出之前一直积累的棒冰棍,然后在与我们玩了几次传统的活动后,他就提出了新的玩法,让我们相互给对方撒棍子,这样只要有些技巧,就可以让对手少赢棍子,变相地为自己赢得机会。后来他又动员我们把棍子涂上七彩的颜色,并根据不同的颜色进行计分。从这么一个小小的棍子游戏,他就能想到这么多的玩法,而且还能让我们心甘情愿地陪着他玩,我觉得8岁的儿子确实还是有些能力的。

- 我家儿子平时做作业总是小错不断,我经常批评他做事不过脑子。但是,在这个游戏中,我发现儿子做事其实不是我想象的那样不上心,特别是在他比我们落后的时候,他会歪着脑袋仔细地去研究,确保在不犯规的情况下能多挑几根。玩过几次后,他有了一些好的经验,我们便不是他的对手了。从这件事情上,我感觉儿子是很有耐心的,今后我还是需要多肯定儿子的优点,不要总是批评他,让他有信心把每一件事情做好。

- 这次活动是我们一家四个人一齐参与,姐弟俩一个10岁,一个8岁,我们用的是网上买的彩色塑料棍子。一开始我们就用数字代表颜色,目的是想让两个孩子能快速算出棍子的总分数,也借机训练他们的心算能力。没想到这样的算术练习既有趣又有意义,孩子们乐此不疲,比做数学题开心多了。因此,我想这样的活动以后还可以再深入一下,可以用到乘法运算,这样对孩子就更有帮助了。

专家评析

"挑游戏棒"这是过去孩子们经常玩的游戏方便又有趣,深受孩子们的喜欢。将这个游戏运用到亲子活动中,通过不同的变化,可以把这个活动延伸到数学的领域,起到一定的教学作用,同时让孩子在这个过程中学会创新,学会竞争,学会思考。从几个家长描述的活动过程中,我们不难发现,一个寓教于乐的游戏,通过规则的灵活运用,可以获得不一样的活动效果,这就是创新。在传统的基础上，融入新的方法，可以更好地适合当代孩子的心理需求，玩出新花样，收获新感悟。

第四章　探索创新之美　激发孩子潜能

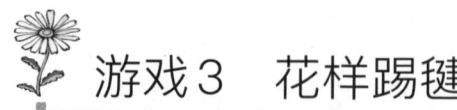

游戏3　花样踢毽

精句共读：一个简单的道具可以有无数的不同玩法，一个普通人也会有很多的创意思维，给他一缕阳光，他会展现一路灿烂。

 游戏目标

1. 在活动中至少要掌握3种踢毽子的技巧。
2. 通过各种花式踢毽子，培养孩子不断创新和挑战的能力，从变化中体会活动的乐趣。
3. 通过游戏，促进亲子之间的沟通与和谐相处的技巧。

 游戏准备

1. 游戏建议在室外进行，总活动时间约20分钟。
2. 准备若干毽子。
3. 活动场地尽量为平整宽敞的地方。

 游戏步骤

1. 亲子之间设定游戏规则。

基本规则是根据亲子之间的约定设置好踢毽子的轮换顺序,然后每个人有1分钟时间,在规定时间内计算踢毽子的个数,如果毽子掉到地上,可以快速捡起后继续踢,累计1分钟内踢毽子的个数最多者胜。一家人全部踢完1分钟为一轮。

2. 活动过程。

第一轮活动,按照基本规定进行活动。

第二轮活动,每个家庭可以根据基本的玩法进行创新设计,最好做到多样而有趣。

3. 收集各个家庭活动的过程和感悟。

 精彩片段

本案例共收集到8个家庭的活动过程情况,其中选择了3个家庭的活动以供参考。

1号家庭爸爸:

开始踢第一轮毽子的时候,我因为不擅长踢毽子,所以丑态百出,把孩子和她妈妈逗得哈哈大笑。女儿觉得这样的踢法肯定对我不利,于是她与我们商量,是否可以通过用一人踢一脚毽子的方式提高我的水平。于是我们3个人围成一个小三角形,先由女儿将毽子踢给我,我接住后踢向孩子妈妈的方向,孩子妈妈接住后再踢给女儿,女儿接住后又踢给我,然后按照这个方式轮流踢。在活动的过程中,虽然我们每个人轮到的次数不多,但是,我感觉这种踢法不仅提高了我踢毽子的水平,也锻炼了我们每个人的应变能力。

2号家庭爸爸:

我们家3个人都会踢毽子,而且水平不相上下,所以在第一轮的1分钟比赛

中，我们每个人都当是热身运动练练脚，觉得可以改变一下比赛方式，于是我们讨论后决定，加进一些手的动作。所加的第一个动作是两只手围成一个圈，然后让毽子在这个圈内和圈外运动，1分钟内踢的个数最多者为胜。在这一轮比赛中，孩子妈妈踢得最多，孩子次之，我踢得最少。一轮之后，我们又换了一个动作，把两只手的大拇指和食指相连，形成一个小圈，将毽子踢起来的时候，让毽子从小圈的中间经过，然后用脚接住后继续踢起，再从小圈的中间穿过，每穿过一次就算一下个数，如果在踢的过程中毽子没有从中间穿过，就不算有效个数。这一次，由于小圈比较小，因此难度也增加了不少，我们都试了很多次，最后终于找到了一些技巧，看着毽子在小圈中穿梭，孩子感到特别高兴，半个小时过去了，大家都踢得满头大汗，但还是意犹未尽。

3号家庭妈妈：

我们家儿子是个运动达人，这次我们一起玩踢毽子，儿子从一开始就想出了许多花样踢法。我们一共进行了四轮比赛，采取的是累计方式，通过每一轮的个数相加，最后总数最多的人为胜者。第一轮是用右脚踢1分钟，这一轮大家都没有困难，儿子踢的最多，1分钟内踢了56个，爸爸踢了48个，我踢了52个。第二轮都改为左脚踢，这一次爸爸的困难显然多了，本来右脚可以连续踢好几个，但用左脚后最多只能连续踢3个，所以这一轮爸爸1分钟只有踢了18个，儿子最多，踢了35个，我踢了30个。第三轮我们是用脚的外侧踢毽子，这个不分左右脚，只要是用外侧踢就算数。儿子是用左脚外侧，爸爸是用右脚外侧，我还是比较习惯左脚的外侧，虽然用外侧踢大家都不习惯，但是我们都挑战了自己，最后我踢了25个，儿子踢了23个，爸爸踢了15个。最后一轮，我们采用的是两只脚相互踢的方式，先用右脚内测踢起，然后用左脚的外侧再踢一次，这样算一个，1分钟后爸爸勉强踢了8个，我踢了19个，儿子踢了16个。四轮下来，儿子共踢了130个，我踢了126个，爸爸踢了89个。这个游戏虽然有个数的多少计算成绩，但是我们都觉得锻炼是最重要的。

游戏提示

1. 此游戏适合8～12岁孩子的家庭。

2.踢毽子的活动对鞋子有一定的要求,所以一定要事先做好准备,尽量选择比较有弹性的运动鞋。并注意在踢毽子之前做好热身运动,防止突然运动产生的腿部痉挛等问题。

3.建议选择适合比赛的鸡毛毽子,十分耐踢,也比较好踢,特别是在做动作难度大的时候,鸡毛毽子相对比较好控制。

4.这个活动适合在室外进行,选择的场地应尽量平坦和宽敞些。在活动过程中,家长可以多鼓励孩子进行踢毽子的花样变化,体会踢毽子带来的快乐。

家长感言

● 我们家儿子已经10岁了,踢毽子虽然不是他最喜欢的运动,但是一家人一起踢毽子,儿子还是非常开心。从开始选择毽子的时候起,儿子就很有自己的见解,并且还搬出过去学到的一些科学原理,说选择毽子是有讲究的,鸡毛的数量不一样,毽子能被踢起的高度也就不一样。我们按照儿子的要求买了好几个毽子,便于选择。在踢毽子的过程中发现,儿子的选择是非常对的,毽子的弹性很好,我们在踢的过程中也就非常顺畅,各种花样的踢法都非常适合。在活动中让我感到最开心的是,儿子虽然不擅长踢毽子,在我和他爸爸都踢了500个的时候,他只是踢了350个,但是他觉得不能比我们少,于是一直坚持踢了500个再休息。从这件事情上让我们感觉到儿子已经长大了,不仅有自己的思想,而且他的意志力也使我们刮目相看。

● 我们一家人都非常喜欢踢毽子这个活动,这个活动带给我们最大的收获是自我挑战。我们早就不满足1分钟踢毽子的个数了,我们每个人都有自己的毽子,每一次开始的时候都会想好踢毽子的方式,然后轮着把每个人想好的方式教给他人。练习一段时间后,我们开始比赛,看谁踢得好,踢得多。这个过程让一家人其乐融融,因为每一次的挑战都让我们充满了期待。特别是女儿,她想出的方式都很新颖,我这个从小就爱踢毽子的妈妈也觉得女儿真是青出于蓝而胜于蓝,我为女儿感到由衷的高兴,因为女儿的创造能力确实非常不错,这个活动带给我们的不仅是锻炼,更是我们快乐的源泉。

● 踢毽子的活动一开展,女儿就深深地爱上了这项活动。我们从最开始的1分钟踢毽子的个数,到一次性不落地坚持踢的个数,直到最后用脚的不同部位踢，一家人变着样式踢，邻居们看到了都羡慕不已，觉得我们家就像是踢毽子高手之家。确实，我们也觉得在这个过程中不仅锻炼了身体，也学到了很多踢毽子的技巧。特别是爸爸，之前因为比较胖，踢毽子的时候脚都不能抬起来，后来因为不断练习，他不仅变瘦了，脚也变得灵活了，这个活动真是一举多得啊。

专家评析

"花样踢毽"是一个传统的民间游戏，这个活动在学生的课余进行也非常方便，毽子便于携带，只要有场地，随时都可以进行，所以深受学生们的喜欢。把这个活动延伸到亲子之间，是可以起到很多作用的。毽子的踢法通过人们的不断创新，已经有许多种，不同的踢法不仅可以锻炼全身的肌肉，也可以不断激发孩子的好奇心和模仿能力，从而培养孩子的发散性思维。在踢的过程中，家长可以通过亲子间的交流讨论，让孩子对踢毽子的方式不断创新，家长要配合孩子进行实践，这样的过程一定会让家长收获意想不到的效果。

游戏4　上抛下抓

精句共读：一块毫无生命的石头可以"说话"，一个有鲜活生命的人，只要用心去陪伴，他就会给你满满的惊喜。

 **游戏目标**

1. 根据孩子的年龄掌握至少两种不同的抓石头技巧。
2. 培养孩子手部肌肉的灵活性和手眼的协调能力。
3. 通过游戏的花样挑战，树立孩子的竞争意识和规则意识。

 **游戏准备**

1. 游戏在室外和室内都可以进行，总活动时间不定。
2. 准备多副石子，一般一副石子为7颗，石子的形状要求圆润（鹅卵石为最佳），大小建议直径1厘米为宜，也可以根据各个家庭的实际需要准备替代石头的物品，如围棋子、塑料颗粒等。
3. 活动的场地尽量选择平整宽敞的地方，也可以是不易磨损的桌子。

游戏步骤

1. 亲子之间设定游戏规则。

每人准备好自己的一副石子。

（1）出场顺序。可以用"石头剪子布"的形式定先后顺序，也可以根据每个人手中拿着的石子做完规定动作后以石子的多少决定顺序。规定动作为把一副7颗石子全部放在手心后，向上抛起，然后用手背去接石子，无论接到多少颗后，再次把石子用手背的力量抛起，然后用手心去抓这些石子。根据抓住石子的多少确定出场顺序。如果有相同再重复一次，直到能分出先后为止。

（2）活动过程。确定顺序后，每个人把自己手上的石子同时往活动的场地撒出去，在洒落的石子中，第一个玩的人捡一块场地上的石子，捡这块石子的时候一定是不能碰到其他石子，否则就取消本次机会。捡起石子后，将这块石子尽量笔直地往上抛，在这块石子落下之前，再用手抓起场地上的石子，无论抓多少颗都没有关系，如果在抓的过程中碰到其他石子，或者抓起石子时手中的石子掉出来，或者没有接住往上抛的石子都视为无效。如果没有这些情况则为成功，可以继续抓剩下的石子，一直到把场地上的石子全部抓完，一局完成。这个把石子全部抓完的人就可以在这些石子中留下一块作为自己的战利品，然后用剩下的石子再重复同样的过程，这个时候就是玩的人自己撒石子了。以此类推，第一个人一直可以玩到自己违规后才把剩下的石子交给下一个人。每次成功抓起剩下所有的石子就可以得到一块石子作为战利品。最后，哪个人得到的石子最多为赢者。

2. 活动过程。

各家庭可以根据基本规则进行活动，也可以根据自己家孩子的特点进行创新或者改编。

3. 收集各个家庭活动的过程和感悟。

本案例共收集到10个家庭的活动过程情况，其中选择了3个家庭的活动以

供参考。

1号家庭妈妈：

自从接到这个"上抛下抓"活动的任务后，我们就在一次农家游的过程中，带女儿到小溪边捡了鹅卵石石子。女儿在捡的过程中显得特别开心，不断寻找相似的石头，特别是白颜色的石子，她格外喜欢。带着满满一袋子的石子回家，当天晚上，我们就开始在自家的地板上开始活动了。因为女儿只有8岁，而且手比较小，所以我们在活动中就把石子的数量减少到每人5颗，然后在活动时，要求是爸爸妈妈每一次抓石子的时候只能抓1颗，全部抓完后奖励1颗石子，女儿则可以根据自己的需要决定要抓的颗数。我们是用"石头剪子布"的方式决定先后顺序的，爸爸第一个，女儿第二个，我第三个。我们一起把每个人手中的石子同时撒到中间，由于大家比较集中，大部分石子都聚在了一起，周边剩下的石子只有几颗，爸爸拿起1颗石子，然后准备抓第1颗石子，这个石子离其他石子都比较远，所以爸爸轻而易举地把石子抓起来了。同样的方式，爸爸共抓了3颗，到第4颗的时候，要想抓起来就不容易了，因为那些石子几乎都堆在一起。果然，爸爸在抓的时候，就一不小心碰到了其他的石子，这一轮爸爸因为没有全部抓完，所以没有得到石子的奖励。轮到女儿的时候，她非常开心，她两只手抓起所有石子，往中间一撒，大部分石子都散开着。她开心地把石子一颗一颗抓起，很快就只剩下4颗了，这4颗是两两堆在一起的，女儿开始研究了很久，最后决定试着把2颗一起抓起，没想到女儿居然做到了，后面的2颗也用同样的方式抓起来。女儿成功了，她得到了这堆石子内的1颗石子作为战利品。后面的活动，女儿玩得越来越熟练，最终爸爸得了3颗石子，女儿得了6颗石子，我也得了6颗石子。这次活动后，女儿觉得这个活动非常有趣，于是我们就一周进行一次，一直保留着这个传统的活动。

2号家庭妈妈：

我家的玩法和传统玩法不一样，用的材料是自制的圆形小米袋，直径约2厘米，只需要3个。我们的规则是，把1个小米袋抛向空中后，然后用手把剩下的2个小米袋抓起，然后接住空中落下的小米袋。地面上的2个小米袋的距离是不一样的，从最开始的相差2厘米，慢慢地以2厘米一次增加距离，最后以距离最远为胜。在活动的过程中，如果有人没有抓起小米袋或者没有接到小米袋都视为失败,再次挑战还是从2厘米的距离开始。总时间控制在20分钟之内,在规定的时间内距离越宽者为胜。活动开始,我是最先挑战的,前面的距离我都不在话下,到了10厘米的时候,我一不留神,为了接住空中的小米袋,我来不及把第二个小米袋抓起,失败了。轮到儿子抓的时候,他一路顺畅,一下子就增加到了16厘米,看着自己的成绩,儿子有些许得意,结果因为没有接到小米袋败下阵来。轮到爸爸出手了,没想到爸爸才到6厘米就出状况了。活动进行了20分钟,最后以儿子26厘米,爸爸14厘米,我22厘米结束,儿子特别开心,觉得活动非常有意思,还想着下次挑战更远的距离。

3号家庭爸爸:

我家抓石子的方式是这样的,每个人手上都有一副石子7颗,在活动之前就确定好出场的顺序。一开始每个人把所有的石子交给第一个出场的人,第一位出场的人把所有石子都放在手心,然后把所有的石子向上抛起,接着快速地用手背去接石子,无论接到多少,再把这些石子用手背的力量往上抛起,最后用手心去抓石子,抓住几颗就作为奖励品留下。剩下的石子让下一个玩,同样是抓住几颗就留下。以此类推,最后以抓住石子最多的人为胜。第一局,女儿最先玩,她的手指是能翘起来的,所以第一次她手背上的石子就有7、8颗,她再次抓的时候,一把就抓住了4颗,她特别开心。剩下的石子我们继续玩着,最后我一共抓住了5颗,爸爸抓了4颗,女儿抓最多,一共有12颗。这个活动规则比较简单,但孩子还是觉得非常好玩。

游戏提示

1. 此游戏适合8～12岁孩子的家庭。
2. 活动的石头可以用其他物品替代,但是要尽量选择不易滚动和不易戳手的物品。
3. 建议孩子如果比较小,可以先从基本的抓、抛、接、滚等动作开始。
4. 在安全的情况下,各个家庭可以制定具体的游戏规则,但在活动中不能随意放弃。

家长感言

- 在这个游戏中,让我最感动的是看到了孩子不服输的精神。我家女儿已经12岁了,即将步入初中生活,她平时的成绩也不错,但是之前我们担心如果到了初中,竞争激烈会不会让孩子失去信心?通过这次的抓石子的过程,我觉得这个担心是多余的了。这个游戏我和她爸爸小时候都玩过,所以都比较擅长,于是我们提出可以给孩子多几次机会,这样与我们的差距就不会太大,但是女儿连连摇头说不用的,她会凭她的实力赢了我们。从孩子坚定的眼神中,我们看到了一个不愿服输的女儿。在活动中,女儿开始的时候几乎得不到一颗石子战利品,但她没有着急,一局输了再继续来。最后虽然女儿的水平没有超越我们,但已经和我们相差不多了。活动结束后,女儿还给自己定了一个目标,准备练习两周再与我们比拼。看到女儿信心满满的样子,我们由衷地感到开心。

- 我家女儿已经10岁了,抓石子的游戏她之前和同学玩过,但和我们家长一起玩是第一次。孩子爸爸之前是不会玩的,女儿希望爸爸也能参与活动,于是就自告奋勇地说要把爸爸教会。孩子的爸爸因为对抓石子没有任何概念,所以女儿教了他很久都没有学会,我在一边感到有点着急,于是对女儿说,要不爸爸让他下次再参加,这一次就我们两人一起玩。没想到女儿说,这样不行,必须是一家人一起玩。接着她又耐着性子为爸爸示范,告诉他一些游戏技巧,在教的过程中,她一点都不着急,非常有耐心,我之前一直认为女儿是一个非常急脾气的人,没想到这次的活动让我对孩子刮目相看,感觉她真的长大了。

- 我们玩抓石子的游戏是根据我们每个人的特点制定规则的,在讨论的时候,我觉得孩子很有主见,他用各种方法说服我们同意他的观点。最后我们决定满足孩子的需求,陪他玩了他想创新的一种抓石子的方式。例如,他说在石子抛起的过程中,我们在抓场地上的一颗石子之前,要双手再击掌一次,后来又增加到击掌两次、三次等。在玩的过程中,我们都失败过,特别是孩子爸爸,想放弃挑战了,但我觉得这个时候儿子就像是我们的老师,他不断地给他爸爸以鼓励,激励他爸爸继续挑战,最后终于成功了。看到他们父子俩脸上露出的笑容,我觉得,我们和孩子的相处,有时真的需要放低姿态,向孩子学习。

专家评析

"上抛下抓"的游戏简单来说就是在过去物质匮乏的时代几乎人人都会的"抓石子"游戏,这个游戏的道具在农村非常容易得到,只要到小溪边挑选一些自己满意的石子即可。为了区分自己的石子和别人的石子,小伙伴们可以给石子标上自己独有的记号,在玩的过程中也可以有分工有合作。把这个游戏用到亲子活动中,首先从选择石子开始,因为石子的大小、形状也可以反馈出孩子的鉴赏特点。在玩的过程中,家长要鼓励孩子不断创新玩法,将传统的玩法融入到现实中。不过,无论活动的规则如何改变,家长一定要从活动中了解孩子的特点,并引导孩子往正面和积极的方向去发展。在材料的选择上,为了更加适合孩子,家长和孩子可以根据家中现有的材料进行整合,并且做到既安全又有意义。

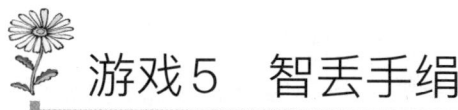

游戏5　智丢手绢

精句共读：生活中，难免会遇到挫折。挫折未必总是坏的，关键在于对待挫折的态度。只有真实地感知挫折，体会生活中的挫折与顺利，才能感悟人生的坎坷与幸运。

游戏目标

1. 通过游戏活动，让孩子学会规则意识和树立克服挫折的勇气。
2. 在活动中锻炼孩子敢于展示自己的能力。
3. 通过活动中亲子游戏的展示，促进亲子之间相互沟通的能力。

游戏准备

1. 游戏建议在室外进行，选择地面平坦不易滑倒的场地，总活动时间约30分钟。
2. 准备1～2块手绢或者与手绢类似的物品，不宜太大。

 **游戏步骤**

1. 活动带领者告知游戏规则。

（1）通过抽签决定第一个丢手绢的人，然后其他所有人拉成一个圆圈后，坐在地上。大家可以一起唱儿歌《丢手绢》，歌曲结束前，丢手绢的人一定要将手绢放在某一个人的背后。

（2）背后有手绢的人发现后要立刻站起来拿着手绢去追丢手绢的人，如果追上碰到了丢手绢人的衣服，丢手绢的人就要和家人一起表演节目。如果丢手绢的人跑了一圈之后，背后有手绢的人没有发觉，或者被丢手绢的人碰到衣服，这个人就要和家人一起表演节目，然后丢手绢的人就坐在他的位置。被抓住的人表演节目后就成了丢手绢的人。

（3）圈上的其他人不能告诉被丢到手绢的人。

2. 游戏过程。

整个游戏分为两轮，所有人围成一个圆圈坐下后，第一轮为孩子参加丢手绢活动，轮到丢手绢的孩子只允许把手绢丢到其他孩子的后面，合计时间为15分钟；第二轮为家长参加丢手绢的活动，丢手绢的家长只允许把手绢丢到其他家长的后面，合计时间为15分钟。孩子和家长活动的规则都一样。

3. 集体分享活动的体会。

 **精彩片段**

活动带领者上场。

大家好！欢迎今天到场的6组家庭，根据大家到场的时间顺序，已经给每个家庭标上了序号，分别是1～6。今天我们相聚在这里，做一个轻松又有趣的游戏——"智丢手绢"。"智"就是要有智慧地丢，关键是不能让其他人发现。

这个游戏的规则很简单，只要丢手绢的人在活动规定的时间内碰到被丢手绢的人的衣服，或者被丢手绢的人发现手绢后起身追到并碰到丢手绢人的衣服，被碰到衣服的人就要表演节目。游戏进行两轮活动，第一轮是孩子的角逐，第二轮是家长的角逐，但是无论哪一轮，如果需要表演节目，都必须是全家人一起表演的,表演节目不限。

抽签决定第一个丢手绢的孩子。

第一轮活动即将开始,除了刚才抽到第一位丢手绢的3号家庭的孩子,请所有人手拉手围成一个圆圈,孩子站在父母的中间,人与人之间的距离大概为半个手臂长,全部站成圆圈后坐下。

活动开始,让我们一起哼唱《丢手绢》的歌曲,3号家庭的孩子拿着手绢开始绕着圆圈外围慢跑,歌曲还没有结束,3号家庭的孩子已经偷偷地把手绢放在了5号家庭孩子的后面,3号家庭的孩子转眼跑了半圈多,这时沉浸在歌声中的5号家庭的孩子还没有反应过来,在其他孩子窃窃的笑声中,5号家庭的孩子忍不住伸手往后一摸,这才发现了身后的手绢,马上站起来,可是3号家庭的孩子一再加速,趁着5号家庭的孩子还站在原地,他拍了一下5号家庭孩子的衣服,被抓住了!按照规则,5号家庭的一家人要表演节目。5号家庭的孩子虽然因为被"抓",满脸通红,但是和家人来到圆圈中心后,也没有什么拘束,与家人们一起为大家表演了一个模仿鸭子走路的节目,惹得大家开心地大笑着。表演结束,5号家庭的孩子开始丢手绢,3号家庭的孩子就坐在了5号家庭父母的中间位置。

活动继续着,15分钟后,进行第二轮的活动。

第二轮活动是家长丢手绢,抽到第一个丢手绢的是2号家庭的爸爸,只见他握着手绢,在歌声中绕着外圈小跑着,2号爸爸一会儿往1号家庭的爸爸身后蹲下,一会儿又在4号家庭的妈妈身后蹲下,再一会儿又在5号家庭的爸爸身后蹲下,惹得他们不停地将手往后摸,歌曲快结束的时候,4号家庭的妈妈终于摸到了手绢,她立马站起来去追2号爸爸,2号家庭的孩子着急地叫爸爸赶紧跑,2号爸爸估计自己也忘记放在哪个人的身后了,他还是不急不慢地走着,结果4号家庭的妈妈已经追上并拍了他衣服,他才反应过来。在大家的笑声中,2号家庭表演了一个绕口令的节目。随后,4号妈妈成了丢手绢的人,2号爸爸坐在了4号妈妈的位置。

15分钟后,第二轮的活动结束,但是孩子和家长们都觉得意犹未尽。

1号家庭的孩子说:之前在幼儿园也玩过这样的游戏,那时都是和小朋友一起玩,感受和现在完全不一样。现在和家长们一起玩的时候,才发现这个活动还可以这么有趣,不仅考验我们的体力,还要有聪明的脑袋,不然就会经常要表演节目了。不过我觉得,在这么多家庭表演的节目中,我也学到了很多东西,

以后我可以学习这些节目在班级中表演，一定也会受到同学们的喜欢。

其他各组家庭的孩子进行分享。

活动带领者根据各组家庭的分享做出小结：非常感谢所有小朋友的分享，你们说得都很好，特别是2号家庭孩子说的那句话，我觉得特别能概括我们这次的活动，他说：这个游戏让他深深地感受到家庭成员之间的默契，更感受到其实被"抓"住也没有关系，就像是在生活中遇到了挫折，其实只要去想办法，特别是有爸爸妈妈在身边，什么问题都能解决。是的，生活中的困难其实并不可怕，只要我们有勇气去克服，就都不是问题，希望所有人的生活中更多的是快乐。

游戏提示

1. 此游戏适合8～12岁孩子的家庭。

2. 每个人在活动中都希望赢，有些孩子可能会因为输了生气，活动带领者要引导孩子正确地面对输赢，并鼓励孩子能大胆地表演节目，有需要的时候也可以给予一些节目的参考。

3. 在活动中，圈内的人不能相互提醒被丢手绢的人，特别是爸爸妈妈不能对自己的孩子进行提醒，如果违规也需要表演节目。

家长感言

● 我女儿是一个性格比较内向的孩子，平时做什么事情总是依赖着我们，在这一次的活动中，我们有意不给孩子帮助，让她自己去承担活动的结果。特别是她被"抓住"后，一下子就急得快哭出来了，但是我们也没有特别安慰她。在活动带领者的指令下，她虽然觉得有点不乐意，但还是站到了圆圈的中间，带着我们一起表演了唱歌。一开始声音很轻，在大家掌声中，女儿的声音渐渐地响了起来。女儿的自信心被激发了，胆子也大了不少，在看到其他家庭孩子的表演后，她为大家展示了一段民族舞。通过游戏让我们看到了女儿的进步，所以我觉得这样的游戏对孩子的成长是非常有利的。

● 我儿子是个小胖子，平时不喜欢运动。但在这个游戏中，我发现孩子在被迫跑步的时候，他还是有实力的，特别是在追其他孩子的时候，虽然跑得气喘吁吁,满头大汗,但他始终没有放弃,尽力地坚持追赶。我们在一旁不停鼓励孩子勇于挑战自己,并希望他平时多加强锻炼。儿子在这样的氛围中接受我们的劝解,没有任何拒绝,也许就是因为活动影响到了他的内心,我们也更希望儿子今后能真正做到自觉锻炼。

- 这个游戏,让一家人都觉得非常开心,虽然我们表演了好多次,但是,节目表演让我们彼此都了解了很多。之前,我一直都不知道女儿歌曲可以唱得这么好,平时在家也没有听到女儿的歌声,这次的展示,让我们对女儿刮目相看。另外,没有意料到的是,女儿在活动的过程中,一股不认输的劲头,让我们非常佩服。今后,我们要多参加这样的活动,可以从多个方面去了解孩子。

专家评析

"智丢手绢"这个游戏简单易操作,能有效促进孩子的身心发展,可以锻炼孩子的应变能力,以及身体的灵活性和公共场合表现的能力,深受幼儿园小朋友的喜欢。把这个游戏用到小学生的亲子活动中,不仅可以让孩子在活动中得到身体锻炼和愉悦心情,也能使家长们仿佛置身于儿时的快乐场景,让内心得到一种久违的满足。现代社会人们的工作节奏加快,人际关系复杂,家长和孩子一起参加活动,有利于缓解家长们的工作和生活的压力,改善人际关系,同时让孩子们学会面对挫折与困难,积极寻找解决问题的办法。

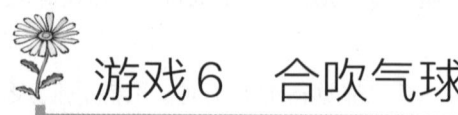

游戏6 合吹气球

精句共读：父母能够给孩子生命，但不能代替他生活；父母能够给孩子指明人生方向，但不能代替他到达；父母能够教孩子树立远大的目标，但不能代替他实现；父母能够让孩子开心一时，但不能保证他永远快乐。

游戏目标

1. 通过分工合作的游戏，培养孩子沟通交流的能力。
2. 在游戏中，树立孩子的规则意识和感受解决困难后的快乐。

游戏准备

1. 游戏场地建议在室内相对宽敞的区域，总活动时间为30分钟。
2. 准备100个左右的气球和3张椅子。
3. 准备活动计时用的秒表、活动白板和标有序号可以粘贴在身上的牌子等。

游戏步骤

1. 活动带领者告知游戏规则。

本次亲子游戏是"合吹气球",游戏规则为:孩子负责用嘴吹气球,父母用手帮忙拿球,孩子自己的手不可以碰到气球,气球吹到一定程度(由家人自己决定大小),父母给气球打结后放到凳子上,然后抬起孩子并用孩子身体的某个部位把气球压破,压破一个气球记一分。如果出现孩子用自己的手去拿气球或者用其他方式让气球破裂则属于违规,不计分。

2. 活动过程。

本次活动各家庭只有一次机会,每个家庭的活动时间为5分钟。按照各家庭的得分评出一、二、三等奖。

3. 集体分享活动的体会。

 精彩片段

活动带领者上场。

大家好!欢迎到场的6个家庭的爸爸妈妈和孩子,今天我们将在这里开展的是非常有趣的"合吹气球"游戏。

今天我们根据每个家庭孩子的抽签决定家庭的编号和出场顺序。抽到1、2、3编号的家庭先参加活动,4、5、6编号的家庭后参加活动,最后根据各家庭的分数评出一二三等奖。

现在,每个家庭的成员都贴上了编号,在正式比赛之前,每个家庭可以领到2个气球进行5分钟的练习。

现在将进行正式比赛!请1、2、3号家庭的成员站到场地上的椅子旁边,每张椅子的靠背上都放有没有吹气的气球,一共是10个,我们活动规定的时间是5分钟,请大家一定要掌握好时间。

比赛开始,所有的家庭都开始行动了。2号家庭的爸爸拿着气球迫不及待地放进孩子的嘴里,妈妈则在边上帮忙,孩子接到信号后马上开始用力吹,气球慢慢地鼓了起来,当吹到气球有苹果那么大时,妈妈就马上给气球打了结,然后放到椅子上,再和爸爸一起抬着孩子用孩子的身体往椅子上压去,结果气球被一压,从孩子的身体下滑了出来。马上放下孩子,妈妈赶紧又把气球捡到了椅子上,这一次虽然压着气球了,但可能是因为气球不够大,孩子的身体还是压不破气球,时间已经过去1分钟了。2号家庭的妈妈决定放弃这个气

球,另外拿了一个气球继续让孩子吹,这一次,气球吹得比上次大了许多,放到椅子上后,孩子的身体一压上去,气球就破了。2号家庭的孩子非常高兴,接着又开始下一个。

其他家庭也在不断总结经验和努力着。3个家庭最后的战绩为:1号家庭得了6分,2号家庭得了4分,3号家庭得了5分。

轮到4～6号家庭上场了,这一次家长和孩子们通过观看都有了经验,气球不能吹得太小。结果6号家庭的孩子把气球吹得太大,直接吹爆了。虽然气球破了,但是按照要求必须是用身体压破的,所以不能算分数。6号家庭的孩子吸取了教训,后面吹的时候就稍微小点了,刚好可以用身体压破。场上的孩子是最辛苦的,有的孩子累得气喘吁吁,但是听到其他家庭那里传来气球的压破声,孩子就马上非常努力地吹着气球。最后,4号家庭得了8分,5号家庭得了6分,6号家庭得了5分。

根据最后的得分,4号家庭获得一等奖,1号家庭和5号家庭获得二等奖,2号家庭、3号家庭、6号家庭获得三等奖。

3号家庭的孩子在发言中说:我们家在这次活动中虽然没有取得好的成绩,但是爸爸妈妈的鼓励让我感到很温暖。刚开始的时候,我非常不习惯爸爸妈妈用他们的手帮我拿着气球,感觉用不上力,吹进去的气总是会漏出来。几次之后,我都快要失去信心了,但是爸爸妈妈没有因为我没有吹起气球而生气,而是马上帮我找原因,他们让我一定要闭紧嘴巴,但也要放松,不能太紧张,并顺着气球往里面吹气,在他们的鼓励下,我终于找到了吹气的技巧,后来就比较顺利了。从这个活动中我感受到了,做任何事情都需要掌握技巧,同时我要感谢爸爸妈妈对我的宽容和鼓励。

其他各组家庭的孩子进行分享。

活动带领者根据各组家庭的分享做出小结:非常感谢孩子们的分享,相信这个活动带给了大家很多的快乐和收获。刚才有个孩子说到,本来非常害怕气球爆开,但是在爸爸妈妈的鼓励下克服了这个恐惧,她觉得这是一个最大的收获。确实,在生活中每个人都会遇到很多的困难,而父母始终是孩子最坚强的后盾。靠着父母的支持和自己的努力,孩子一定可以克服困难,取得成功。

游戏提示

1. 此游戏适合8～12岁孩子的家庭。

2. 游戏过程中一定要注意安全,特别是在抬着孩子用身体压气球的时候,要对准了气球再压下去,避免滑倒。

3. 游戏的目的不是输赢,活动带领者要引导家长用平常心对待活动的结果,重在积极配合,千万不要出现相互埋怨的情况。

家长感言

● 我家孩子是女孩,从肺活量上看,肯定比不过其他的男孩,所以我开始时很担心女儿会在活动中受挫,因此也不断告诉女儿,我们重在参与,能压破几个就几个,尽力就可以。但是女儿却不这么想,她非常努力地吹着我们手中的气球,涨得满脸通红,有几次气球好不容易吹大了,但一不小心,气又跑了,我都感觉要放弃了,可女儿却还是要我们帮她拿着气球,她深吸一口继续往里吹气。在她的坚持下,我们取得了压破3个气球的成绩。从这个活动中,我看到了孩子的好胜心,让我们更坚定了相信孩子是优秀的。

● 在这个游戏中,我体会最深的是儿子善于思考和勇于挑战的品质。不用自己的手拿着吹气球,其实还是有点难度的,因为一旦配合不好,吹气球的人哪怕有再大的力气,气球也不一定吹得起来。儿子在练习的时候就不断研究,怎样才能配合好,经过试验,他让我把气球吹气口的一端先放到他的嘴里,然后让我用两只手拉住嘴巴边上的部分,让气球的口子边变得窄一点,这样就会防止气球内的气体漏出去。他用这样的方式很快就吹起了一个气球。接着用他的这种方法,我们5分钟之内居然压破了8个气球,取了同组中最好的成绩。儿子的这种品质让我感到特别欣慰,相信他今后在遇到生活和学习中的问题时,也一定会努力思考,不断挑战。

● 我们在这次游戏中获得的感悟是,这个游戏活动看似简单,实际上还是有难度的,我们家儿子比较小,只有10岁,加上他个子不高,虽然压破气球问题不是很大,但是吹气球还是比较难的,所以我和他爸爸很想帮他一下,趁着活动带领者不注意的时候,我赶紧低头吹了一个气球,然后打好结放到了孩子嘴边,就当作孩子吹好的。没想到儿子死活不肯要这个气球,他一定要自己吹,我们拿他没有办法,只好让他慢慢吹。最后总算吹了一个,当儿子用身体把气球压破的时候,他非常开心。看得出,那种开心是真正发自内心的,看着儿子的笑容,我们觉得之前的行为非常不好,幸好儿子是一个非常诚实和体贴的人,他没有责怪我们。我想,今后一定不能再这样做,要为孩子做好榜样。

专家评析

"合吹气球"是一项需要配合度很高的游戏,如果是同龄人之间举行,可以通过抽签决定吹气球的人,其他两个人就是这个人的手和脚,负责帮助拿气球,以及抬起吹气球的人压气球。把这个活动融入到亲子活动中,可以让家人充分感受相互之间的配合度,如果平时家庭中成员缺少沟通,在做这个活动的时候就会显得手忙脚乱,不易配合。同时,这个活动还需要孩子有坚强的毅力和耐挫的能力,特别是在活动中可能一个气球都吹不起来,这对于孩子而言,会有十分强烈的挫败感,这时就需要家长进行正面积极的引导,不但要让孩子能正视挫折,还要引导孩子进行反思和不断尝试。

游戏7 寻找宝藏

精句共读：孩子是一个具有巨大潜能的个体，家长要善于观察和发现，懂得开发。每个孩子身上存在的巨大潜能，也包括学习的潜能，一旦被挖掘出来，孩子就能成长为一个具有独特能力的优秀之人。

游戏目标

1. 通过游戏，培养孩子的理解能力和观察能力。
2. 通过活动，激发孩子的内在潜能，尽享成功的喜悦。

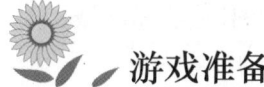

游戏准备

1. 游戏的场地为家中的多个空间，总活动时间不定。
2. 准备多个纸盒和各类"宝藏"。

游戏步骤

1. 亲子之间设定游戏规则。

一家人准备一些"宝物",可以是盒子装着的东西,也可以是一些易藏的物品。家中一个人轮流负责藏宝物,其余两个人去找,谁先找到谁就是赢家。

可以根据各个家庭的实际情况进行调整和设置规则。

2. 活动过程。

各个家庭可以按照基本规则进行藏宝,也可以根据自己家孩子的年龄特点进行规则的创新和改编。

3. 收集各个家庭活动的过程和感悟。

 **精彩片段**

本案例共收集到8个家庭的活动过程情况,其中选择了3个家庭的活动展示,以供参考。

1号家庭妈妈:

我家孩子9岁,我们在商量寻宝行动的规则时,考虑到孩子的身心特点,所以规定藏宝的地点每次只能两处,可以在大房间和小房间,或者大房间和卫生间,或者书房和客厅,要尽量避免藏到厨房,因为厨房有很多不安全的因素。藏到哪两个空间要和寻宝的人说明,但这两个空间中一定有一个是藏着"宝物"的。寻宝的时间也有所规定,我们要求是3分钟之内找到就能得5分,如果2分钟之内找到得10分,3分钟之后就结束行动,如果没有找到就不能得分。我们所藏的"宝物"是孩子经常玩的小熊玩偶,体积不是很大,也比较容易隐藏。

我们通过抽签确定了藏宝人和寻宝人的顺序,藏宝人的顺序为爸爸、孩子、我,寻宝人的顺序为孩子、我、爸爸。我们还商量好次数,每个人藏宝和寻宝都是3次,根据3次寻宝的得分相加确定最后的赢者。活动开始,爸爸开始藏宝了,寻宝人孩子开始数数,要求藏宝人必须在10秒钟之内把"宝物"藏好。爸爸把"宝物"藏好后坐到了客厅的沙发上。孩子出来了,爸爸告诉孩子宝物藏在了大房间或者书房中。孩子听到后,跑进了离他最近的书房中,他打开柜子寻找,没有! 拉开抽屉寻找,没有! 书架上也找了,没有! 然后翻了很多的角落还是没有找到。这时候,时间已经过去1分钟了,孩子觉得要换个地方找一下,于是跑到了大房间,他寻找的顺序是从衣柜开始,结果还是没有,拉开窗帘寻找,也没有,他累得一屁股坐在了床上,思考着小熊到底在哪里?忽然,他看到床上的被子好像有点不整齐,他拉了一下,觉得藏在被子里的可能性大有,于是把整床被子打开了,但还是没有找到,他下意识地把枕头翻了过来,小熊找到了!孩子开心地大叫了一声,一看时间,2分30秒,在规定的时间内找到了宝物,获得了5分。轮到孩子藏宝物,喊了10秒后,孩子告诉我藏在书房和小房间,我就开始寻找宝物了,有了孩子寻找的经验,我首先想到了枕头底下,结果没有,我快速地打开柜子、抽屉等,都没有找到,最后因为在小房间寻的时间太多了,结果等我到书房寻找的时候,时间已经过去3分钟了,宝物还是没有找到,我这一次没有得到分数。结果孩子是把小熊藏在了书房的吊灯内,难怪找不到。轮到我藏宝了,爸爸负责寻宝,这一次,爸爸居然非常迅速地找到了我藏宝的地方,他因此得了10分。第二次结束后,我们的比分是爸爸10分、我5分、孩子15分。加上最后一次,孩子得了20分,获得第一名,我得了15分,获得第二名,爸爸最后一次没有得分,排在最后。孩子获得第一名的成绩,非常开心,一脸的满足感。

2号家庭爸爸:

我家儿子11岁,我们说要玩寻宝的活动时,儿子认为单一的藏宝意义不是很大,他建议我们用家中的拼图作为宝物,藏宝人把拼图中的"小零件"分散地藏到各个地点,要求寻宝人找到这些"小零件"后,还要把"小零件"拼成完整地拼图,才算挑战成功。所花时间最短的那个人获胜。因为拼图的"小零件"不是很大,所以我们建议藏宝人一定要把这些"小零件"藏在同一个房间内,不用告诉在哪个房间,让藏宝人自己找到线索。活动开始了,妈妈是第一个寻宝人,我负责藏宝,儿子负责计时。我把这些拼图"小零件"全部藏在了书房内,有的放在书架上,有的夹到了书本内,还有的放在了台灯下。妈妈开始寻宝了,她先跑到了孩子的卧室,找了几个地方都没有发现,于是换了一个房间,结果还是没有。最后她走到了书房,看到书架上的拼图"小零件"后,她就开始在这个房间内疯狂寻找。我们藏宝的拼图一共有8个"小零件",妈妈很快找到了6个,还有剩下的2个,妈妈费了好久才找到。然后开始拼图,由于不是很熟悉拼图的结构,她又拼了很久才拼好。妈妈这次一共用了8分钟才完成任务。轮到孩子寻宝了,孩子动作比较快,只用了5分钟就拼好了,我寻宝的时间是6分30秒。这一轮,孩子获得胜利。因为我们大家都觉得这个活动比较有意义,所以后来我们又玩了几轮,拼图也换过,这个宅家的游戏很有意义。

3号家庭妈妈：

我们家寻宝活动的规则是这样的，我们每个人都有3个盒子，这个盒子可以自己做，也可以用家里现有的小纸盒。然后我们每个人都悄悄准备了自己要藏的"宝物"，这个宝物一定不能让其他人知道。然后我们就开始分头行动，3个人在3个房间准备盒子，我们在3个盒子上标上1～3序号，在1号盒子内写上纸条，告知2号盒子藏匿的地方，然后根据2号盒子内的纸条找到3号盒子，在3号盒子内放有"宝物"藏匿的地图，寻宝人根据地图找到所有盒子和"宝物"，最后依据每个人所用寻宝的时间确定输赢。

我们藏宝和寻宝的顺序是根据抽签决定的，第一个藏宝的人是我，寻宝的人是孩子。活动开始后，孩子冲到了房间开始寻找，他在大房间内找到了1个盒子，但是一看序号是3号，他也顾不了很多了，打开盒子，找到了地图，然后根据地图找到了宝物，但是按照规则，他必须要找到所有盒子，于是他现在只能没有线索地去找剩下的2个盒子。这一次，他的运气还不错，找到了1号盒子，然后打开盒子后，根据地图找到了第二个盒子，按照要求，所有的盒子和宝物都已经找到了，一共用了4分30秒。我和他爸爸用的寻宝时间分别是4分10秒和5分10秒，无论成绩怎么样，我们都觉得这个活动很有意义。

游戏提示

1. 此游戏适合8～12岁孩子的家庭。

2. 游戏活动中尽量不要把"宝物"藏到柜子或者抽屉的角落里，因为家中的东西比较多，所以可以根据家中孩子的特点进行藏匿。如果藏得太严，孩子找不到宝物，会对活动失去信心。

3. 游戏的形式可以多样化，建议家长可以根据实际需要，加入一些智力游戏，如猜谜语、对对联等，增加活动的趣味性。

家长感言

● 我觉得这个游戏带给我们家庭非常多的快乐，特别是孩子找到宝物时的快乐情绪，也感染了我和他爸爸，这样的欢声笑语已经很久没有在我们家出现了。因此，非常感谢能给我们提供活动任务。虽然是带着任务去完成，但是在玩的过程中让我们一家人更加了解了对方，还让我们体会到了成功的喜悦，今后，只要我们有机会，一定会继续玩这个游戏活动。

● 我们在陪孩子玩这个游戏的时候，感觉到孩子特别善于思考，尤其是他在设计藏宝的路线时，他设计的信息都是地图式，而我和他爸爸给出的就比较简单，就是用文字进行描述。后来，孩子在活动结束后，还把我和他爸爸的文字描述用地图的形式画好，然后进行归纳总结，把我们藏宝的特点进行概括，看着儿子这么认真的样子，我们都觉得他今后是可以好好培养的，希望孩子能在更多的活动中展示自己的才能。

● 我家孩子比较小，所以我们是采用最简单的寻宝方式，但从这个活动中，我还是能感觉出孩子敏锐的观察能力和探索能力。最让我觉得难得的是，孩子的耐心与毅力。我们常说，一人藏，百人找，但是我家孩子感觉没有什么可以阻挡住她去开展"寻宝行动"的，可能就是所谓的"初生牛犊不怕虎"吧！这种品质是非常好的，希望女儿一直都能保持着。

专家评析

"寻找宝藏"是一种十分常见的定向游戏，可以锻炼孩子的方位辨别能力和耐心，是一个比较受大家欢迎的游戏。亲子之间的"寻宝行动"可以有效地增进家人之间的情感，了解孩子的心理特点和行为特征，特别是不同气质类型的孩子所表现出来的行动力是完全不一样的。家长在活动的过程中可以通过观察孩子，并进行适当的引导，让孩子的思维向着智慧型和理智型的方向发展。

游戏8　抽转陀螺

精句共读：《麦田里的守望者》为世界贡献了一个词语：守望。教育不是管，也不是不管。在管与不管之间可以叫"守望"。守望孩子的需要，适时给予帮助。

 **游戏目标**

1. 通过亲子之间抽陀螺的练习，帮助孩子锻炼身体的协调能力。
2. 通过家庭之间的比赛活动，激发孩子对民间传统游戏的兴趣，促进亲子之间的协作关系。

 **游戏准备**

1. 游戏场地建议在室外比较平坦宽敞的地方。总活动时间为30分钟。
2. 准备20个左右的陀螺。
3. 准备活动计时用的秒表、活动白板和标有序号可以粘贴在身上的牌子等。

 **游戏步骤**

1. 活动带领者告知游戏规则。

游戏规则：一家3个人轮流抽陀螺，陀螺在5分钟之内倒地次数最少者为胜。

2. 游戏过程。

（1）准备过程。每个家庭领取3个陀螺，自由练习10分钟。

（2）正式比赛。分组进行比赛，两个家庭同时进行比赛，时间为5分钟。

（3）评出一、二、三等奖。

3. 集体分享活动的体会。

 **精彩片段**

活动带领者上场。

大家好！欢迎到场的6组家庭的爸爸妈妈和孩子，今天活动的道具是一个"讨打"的东西——陀螺。这个陀螺的最大"爱好"就是需要我们不停地抽它，抽的越用力，它转得越快，但是在抽的过程中也要注意方法，需要保证它在5分钟之内不倒地。而且今天我们是家庭活动，所以在抽陀螺的时候，必须每个人轮着抽打，所以是一场家人之间合作的活动，祝愿大家合作愉快。现在，每个家庭可以领取3个陀螺进行练习，10分钟之后我们的比赛正式开始。

比赛前我们根据孩子的抽签已决定了家庭的编号。现在，每个家庭都贴上了自己家庭的编号。正式比赛的顺序已经根据抽签确定：第一组是2号和4号家庭，第二组是1号和5号家庭，第三则是3号和6号家庭。

现在将进行正式比赛！

请第一组2号和4号家庭的所有成员站到比赛的场地，其他家庭的成员站到场外观看。无论是场上还是场外的人都要注意安全，我们希望友谊第一，比赛第二。特别提醒的是在比赛过程中，陀螺倒地后，家庭成员去捡起的时候一定要注意安全，既不要被另一个家庭的鞭子抽到，也不要影响他们的正常比赛。

哨声响起，比赛开始！ 2号家庭和4号家庭都是从爸爸开始，只见爸爸们将绳子一抽,陀螺就转了起来。2号家庭可能因为爸爸放得比较高,陀螺到地上后弹了一下,幸好它还是转着,这时,妈妈看到后,赶紧过来抽了它一鞭,想让它转得再稳一点。结果,不知道是因为妈妈的技巧问题还是不小心碰到了陀螺的其他地方,陀螺被妈妈一抽,反而不转了,一下子就倒在了地上。爸爸见状,赶紧把陀螺捡起来,再一次开始。这一次,爸爸抽转得很稳,陀螺匀速地在地面上转着。看着它的速度又要慢下来了,这时妈妈做好了充分准备,看准了方向往陀螺一抽,陀螺马上快速转起来。2号家庭轮到孩子的时候,他对着陀螺一抽,陀螺很听话地"卖命"似的转着。时间过去了3分钟,4号家庭在中间也倒了一次,现在他们也在不断轮换着抽打陀螺。这时,轮到4号家庭的孩子抽打陀螺了,只见他一甩手,结果可能是用力过猛,把手中的鞭子也甩了出去。陀螺这个时候明显有点慢了,如果去捡肯定来不及,于是他急中生智,从离他最近的爸爸手上拿过鞭子,狠狠地抽了陀螺一下,被"救"回来了,4号家庭的孩子长长地舒了一口气,爸爸妈妈都对他竖起了大拇指。

5分钟后,第一组的比赛结束,2号家庭陀螺倒了2次,4号家庭倒了1次。

第二组的比赛开始了,这一组中可能两个家庭的成员都没有抽陀螺的技巧,1号家庭的陀螺在5分钟之内居然倒了5次,而5号家庭的陀螺也倒了4次。第三组的比赛中,3号家庭的陀螺感觉非常听话,3号家庭的爸爸把鞭子抽出之后,一直转得非常好,在一家人的抽打下,5分钟内一直挺立着没有倒下,周围的人都非常羡慕。6号家庭的陀螺转的也不错,只倒下了1次。

最后,3号家庭获得了这次抽陀螺的活动一等奖,4号和6号家庭获得了二等奖,1号、2号和5号家庭获得了三等奖。

3号家庭的孩子发表了获奖感言,他说:这次能获得一等奖,我觉得和一家人的心理状态有关系。其实,我们在开始练的时候,都非常心急,陀螺没转几下,我们就又想着去抽它,其实,陀螺没有那么"脆弱",我们只要稳住心态,在它最需要我们给力的时候抽打它,陀螺就会继续转着。所以不用太急,只要找准机会抽打,我们每个人都会很轻松地让陀螺很"听话"。

其他各家庭的孩子都进行了分享。

活动带领者根据各组家庭的分享做出小结:非常感谢所有人的参与,从刚才大家分享的过程看,我们不难发现,要让陀螺不倒下一定是有技巧的,不能太急,也不能太慢,只有在它最需要的时候给力,陀螺就会运转自如。各位爸爸妈妈,结合这个活动,你们需要思考一下你们对孩子的教育方式,是不是在他最需要的时候给予他支持和帮助。每个孩子都是优秀的，只要你懂得适合孩子的教育模式，相信孩子就会在你们的激励下不断向前。孩子们，要让自己变得优秀，也需要你们沿着爸爸妈妈指引的正确方向前进，相信你们会变得越来越优秀的。

游戏提示

1. 此游戏适合10～12岁孩子的家庭。
2. 为了活动的公平性，比赛陀螺一定是用现场提供的，不能自己带。如果中途陀螺出现问题，可以重来一次。
3. 游戏活动中，一定要提醒注意安全，以防发生意外。

家长感言

● 这个"抽转陀螺"的游戏很有意义，一家人参加完这个游戏后，我们家每人都买了一个陀螺，每逢周末我们就一起玩，既锻炼了身体，又增进了一家人的感情。在现场的游戏活动中，我们虽然过去从都没有接触过这个活动，但一上手就好像着迷了，我们都很好奇为什么陀螺会因为我们的抽打而转起来。通过不断的练习和思考，我们找到了抽打陀螺的技巧。11岁的儿子在这次活动后，他已经可以做到一个人抽打陀螺，陀螺可以转20多分钟不倒下，所以他特别有成就感，课余还召集邻家的孩子一起玩，他因此交到了好朋友。

● 我家是女孩子，平时比较文静，手臂力量也不大，"抽转陀螺"的游戏对于她来说是有一点难度的。但令我们欣喜的是，我家女儿居然有一颗非常上进的心，看到这个游戏要挑战，她就在练的过程中寻找窍门，由于迟迟找不到技巧，急得差点哭了。后来，她觉得要请教他人，于是就主动让现场的教练指导她，在教练的指导下，她很快掌握了一些技巧，其实也不需要花费很大的力气，只要找到抽打的点，陀螺就会很听话。在正式的比赛中，因为女儿已经学会了抽打陀螺的技巧，所以我们在比赛中，陀螺只倒下一次，获得较好的成绩，女儿因此感到非常高兴，我们也由衷地为孩子具有上进心感到欣慰。

● 我家姑娘只有9岁，胆子比较小，看到这个游戏要用鞭子抽打陀螺，她感到非常害怕,一方面是担心鞭子打疼陀螺,一方面又担心自己被鞭子打到。在练习的时候,就一直犹豫着,不敢去抽打陀螺。我比较着急,想说她几句,幸好孩子爸爸很有耐心,他没有对女儿发火,只是和孩子仔细说了陀螺的特点和挥动鞭子的技巧,而且鼓励女儿去尝试。在孩子爸爸的带领下,女儿慢慢放下了戒备,尝试着去抽打陀螺,慢慢地女儿也就掌握了一些技巧,看到女儿进步,我们也感到开心。从这个活动中,我体会到教育孩子不能太急,要有耐心,只要多鼓励孩子,孩子就会不断成长起来的。

专家评析

"抽转陀螺"是一项古老的体育游戏,在民间流传已久。抽打陀螺玩法多样,有单人对打、双人对打、赶动打、赛旋、打中赛旋等多种形式。陀螺也是多种多样的,最常见的是上部似圆柱下部似圆锥的。抽打陀螺不但能增强人的体质锻炼人的心理素质和意志力,而且具有对抗性、竞赛性、娱乐性特点。一般情况下,个人抽打陀螺参加比赛的比较多。亲子活动中的"抽转陀螺",需要家庭成员共同完成,既增加了趣味性,也增强了难度,一家人的配合显得十分重要。在这个过程中,还需要家长积极与孩子配合,因为每个孩子都不一样,他们面对抽陀螺的心态也不一样,有的孩子有畏难情绪,容易放弃,家长就需要多鼓励,帮助孩子克服困难;有的孩子急于表现自己,可能会因为他们的急功近利让陀螺反而不断倒地。家长要根据自家孩子的特点进行合适的引导,让孩子在活动得到更好的发展。

如果条件允许,建议这个活动可以挑战让陀螺跨越障碍物的比赛,这种比赛可以更好地体现一个人的心理素质。

游戏9 官兵捉贼

精句共读：让孩子成为既有激情又有理智的人。"没有激情，任何伟业都不可能善始，没有理智，任何壮举都不能善终。"

游戏目标

1. 通过游戏，让孩子学习观察他人的表情和言行，提高观察能力。
2. 在活动中，让孩子学会规则意识，并能正确面对和处理失败。

游戏准备

1. 游戏建议在室内进行，总活动时间约30分钟。
2. 准备3套写有"官、兵、抓、贼"字样的小卡片和装卡片的纸盒。

游戏步骤

1. 活动带领者告知游戏规则。
（1）活动带领者让所有成员在纸盒中抽取写有"官、兵、抓、贼"字样的小卡片，每人1张，拿到之后不可以给别人看到。

（2）按照游戏规则，谁拿到什么字样的卡片，谁就扮演什么角色。"官"当然是发布命令的；"兵"就是小兵，负责执行命令；"捉"就是缉拿"贼"的捕快；"贼"就是偷盗东西的贼。

（3）5分钟之内，拿着"捉"字卡片的捕快有权力去缉拿"贼"，他可以怀疑任何一个人是"贼"，也可以提审和讯问其中的任何一人。但是，每个人在接受捕快问讯时，都不许透露自己的身份。当然，"贼"这个时候就必须刻意伪装自己。而捕快就要认真观察每一个人的面部表情及举动，再通过自己的问讯，作出正确的判断。

（4）如果捕快捉对了，那么"官"就要命令"兵"惩罚"贼"。相反，如果捉错了，"贼"就要求对捕快进行严厉的惩罚，于是"官"就命令"兵"对捕快进行惩罚。

2. 活动过程。

所有人同时参加活动，活动时间控制在30分钟之内，也可以根据实际情况再确定。本次活动重在体验，不进行评比。

3. 集体分享活动的体会。

精彩片段

活动带领者上场。

大家好！欢迎到场的4组家庭，今天我们将要进行的活动是一场智慧的对阵，游戏的名称叫"官兵抓贼"。游戏的方式很简单，全体成员围坐在一起，我会把装有卡片的纸盒送到你们每个人身边，你只要从纸盒中取出其中一张卡片，然后看一下自己卡片上写的字是什么，如果是"官"，那就恭喜你，你将是主管我们这里所有人的发布命令者，当其他人遇到问题时，你就是"裁判"，大家都得听你的。如果你抽到的是"兵"，那你就是负责执行"官"的命令的人，"官"让你惩罚谁就惩罚谁。如果你抽到的是"抓"，那你就是捕快，相当于我们现在的警察，你可以审问任何一个人，然后去判断谁是"贼"。如果你抽到的是"贼"，那毫无疑问，你就是要被别人抓的人，但是你可以将自己伪装成好人，可以在审问的时候不暴露自己的身份，隐藏好自己，这样就免于惩罚。

今天参加活动的一共是4组家庭12个人，在这些卡片中，"官""兵""抓"

"贼"等人物分别各有3个,所以负责抓贼的捕快有3个。在抽取卡片之后,你们可以通过商量,确定审问哪些人,最后确定3个你们认为的"贼",把他们交给"官"。在"官"的面前打开卡片,如果身份正确,那就让"兵"对"贼"进行惩罚,方式自定。如果身份错误,那就让"兵"对捕快进行惩罚,方式自定。

现在开始抽签。活动带领者把纸盒拿到每个人的身边,所有成员每人抽取一张卡片。

抽取卡片结束。现在请抽到"抓"的人到中间来!这一次抽到"抓"的人是1号家庭的孩子和爸爸,3号家庭的孩子。1号爸爸带着两个孩子马上行使了自己的权力,开始审问和观察剩下的人。1号爸爸大声地说到,我已经看出来谁是"贼"了,只要你站出来,我们就采取坦白从宽的态度,如果不站出来,那就是"抗拒从严"。1号爸爸一边说话,一边吩咐两个孩子走到其他人的面前。1号孩子首先走到了2号孩子的面前,2号孩子连忙说,不是我!不是我!1号孩子看到他的表情,将信将疑地离开了。3号孩子直接走到自己妈妈的身边,妈妈笑嘻嘻地对他说,你相信妈妈是"贼"吗?妈妈可是一个好人,你不要抓错了哈!3号孩子不能确定是否属实,但是看着自己的妈妈,感到还是可以相信的,于是就走开了。1号爸爸大声喊了之后,结果一个人都没有站出来,他觉得这个办法没有用,于是就像孩子一样走到坐着的人身边,他来到了2号爸爸面前,然后笑嘻嘻地对他说,虽然我感觉你长得不像是一个"贼",但是我觉得没有一个"贼"的脸上写着字,所以我觉得你的可能性还是很大的,如果你要证明你不是"贼",你就把卡片拿出来看一下。被1号爸爸这么一说,2号爸爸把卡片拿出来,正想给1号爸爸看的时候,忽然意识到是不能暴露自己,于是赶紧把卡片放到了背后。1号爸爸见状,似乎懂了2号爸爸的意思,他不再纠缠2号爸爸了,因为觉得他这么爽快地就把卡片拿出来,那么是"贼"的可能性不大。

1号爸爸和两个孩子走了一圈,结果没有审问出一个"贼",他们不免有点着急,只剩下最后1分钟了。于是他们凑在一起商量了一下,在商量的过程中,也不忘观察所有的人,但是每个人的表情都不一样,有的东张西望着,有的故意闭上了眼睛,有的在偷偷笑着。实在难以判断谁是"贼"。最后,1号爸爸征求了孩子们的意见,认为每个妈妈都比较可疑,于是在规定的时间内把3个妈妈"抓"到了场地中间。1号爸爸抓了1号妈妈,1号孩子抓了2号妈妈,3号孩子抓了3号妈妈。

时间到!现在请拿到"官"的卡片的人站出来,结果3号妈妈开心地叫了起来,我是"官"我不是"贼",哈哈哈哈!

此外，拿到另外两个"官"的是2号孩子和3号爸爸。所有的"官"都站在了一起，这时，所有的"官"都开始命令其他人打开卡片，展示自己的身份。结果2号妈妈抽到的确实是"贼"，1号妈妈是"兵"，另外还有两个贼分别是4号爸爸和4号孩子。剩下的4号妈妈和2号爸爸也是"兵"。按照规则，2号妈妈要被惩罚，然后被惩罚的是1号爸爸和3号孩子。3个"官"商量了一下，决定让受罚的人双手抱着头下蹲10次作为惩罚。3个被惩罚的人在3个"兵"的监督下受到了惩罚。

活动带领者把卡片重新收上来，继续进行第二次活动。经过4次活动后，活动带领者组织所有人进行了分享。

3号孩子说：开始的时候我走近妈妈，认为她有可能是"贼"，因为我观察到妈妈在拿到卡片的时候笑了一下，那个笑容就感觉是抽到了不好的身份。我第一怀疑的就是我妈妈，但是当我去问她的时候，她的笑容又让我感觉到不是她，所以当时也没有确定，但后来我们在一起商量的时候，1号爸爸说，越是不承认的人越有可能是，而且他说妈妈们比较有表演天赋，因此我就同意这个说法了。结果还是判断失误了，我想，这个游戏还是非常需要有心理战术和观察能力的。

其他各个家庭的孩子进行分享。

活动带领者根据各组家庭的分享做出小结：非常感谢大家的分享，这个游戏其实非常简单，人物也不复杂，但是在这个游戏中，需要每个人有良好的心理素质和表达能力。就像前面2号孩子分享时说到的，他认定了3号爸爸的身份是"贼"，但是3号爸爸特别能说，说得是一套一套的，还帮他分析每个人的身份特点，所以他就相信了3号爸爸的话，结果3号爸爸真实的身份是"贼"，我们常说的"贼"喊捉"贼"，就是这个意思。因此在生活中，我们每个人还是要有坚定的信念，不为周围事物所羁绊。通过这个活动，相信我们所有人都能学到一些生活中的技巧，然后努力做更好的自己。

游戏提示

1. 此游戏适合8～12岁孩子的家庭。
2. 活动带领者在活动中一定要做到公平公正，不能给需要抓的人任何的提示和导向。
3. 在惩罚的方式方面，建议每一场惩罚的方式要一样，避免不公。

家长感言

- 我家女儿年龄比较小,在这个活动中,她表现得非常真实。在抽到"贼"的卡片后,她忍不住就把卡片往身后放,结果"抓"的人一眼就看出女儿的身份。抽到"官"时,她会喜形于色,还会重重地吐出一口气,边上的人一看就知道是什么意思。虽然我女儿在游戏中就像是一个透明人,但女儿在游戏中是非常开心的。因此,我觉得玩游戏是重在参与,如果能有所感悟就更好。

- 我儿子11岁了,从这个游戏中,我感受到儿子有侦探的天赋。在他当捕快的时候,他会很冷静地去观察其他人,特别是在审问的阶段,他还会运用一点小技巧。比如,他在问其中一个人时,他会说,我觉得你有可能看错了卡片上的字,要不你再看一下! 其实他这么说的时候,眼睛却是扫描着整个场地,如果有人拿出来看,他就会锁定这个人,然后继续他的另一番审问,经过几次后,他基本上就能猜出要找的人。这些技巧,估计和他平时喜欢看侦探书有关。

- 我觉得这个游戏让我家孩子最大的收获是,他学会了对一些人身份的解读,感觉他有点戏剧表演的天赋。特别是他抽到"官"这个身份时,一公布自己的身份,他马上换了一个架势,把手放在背后,然后一摇一晃地走到了场地中间,指着"贼"身份的人,对着"兵"身份的人说,你们,把他们拉下去,重打30大板! 我们都被他的表演逗得哈哈大笑。但是他自己却一点都不笑,还非常严肃地指挥"兵"身份的人落实惩罚。通过这个游戏,我们觉得今后可以让孩子往戏剧表演的方向努力。

专家评析

"官兵抓贼"是一个益智类游戏,考验的是一个人的观察能力和伪装能力。在生活中,我们既要擦亮眼睛,去判断善恶,也要学会让自己的情感不要太显露,不给别有用心的人机会。这个游戏适合小学高段的孩子,可以有效地训练他们的判断能力和思维能力,并提高探索能力。

游戏10　巧跳皮筋

精句共读：对孩子的教育不能只注重智力和分数，因为决定人生成败或幸福与痛苦的，往往不是学问的高低，而是人格的健康水平。行为习惯是影响人格发展的关键因素之一。

游戏目标

1. 通过跳皮筋，培养孩子的身体协调能力和弹跳能力，达到锻炼身体的目的。
2. 在游戏活动中，激发孩子的创新意识和挑战能力。

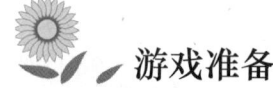
游戏准备

1. 游戏场地建议在室外，橡胶地面最为合适，总活动时间不定。
2. 准备一条长约4米的橡皮筋，两头打好结。

游戏步骤

1. 亲子之间设定游戏规则。

橡皮筋的高度设置分为3个,第一高度为脚踝、膝盖和臀部;第二高度为腰部、胸部、颈部;第三高度为眼睛、头顶和手臂上举高度。跳皮筋的基本动作有挑皮筋、勾皮筋、踩皮筋、跨皮筋、摆皮筋、碰皮筋、绕皮筋、掏皮筋、压皮筋、踢皮筋等。各个家庭可根据与家人商量确定跳皮筋的方式,无论哪个花式,所有高度跳完为完整的一局。孩子挑战的高度以孩子的身高为准。在活动的过程中,如果没有按照事先规定的要求跳皮筋则为犯规,轮到下一个人挑战。

2. 活动过程

各个家庭根据自己家孩子的年龄大小进行创新或者改编跳皮筋的花样。

3. 收集各个家庭活动的过程和感悟。

精彩片段

本案例共收集到10组家庭的活动过程情况,其中选择了3组家庭的活动作展示,以供参考。

1号家庭妈妈:

我们家玩跳皮筋是第一次,所以就选择了相对比较简单的跳法,具体的方式是这样的,爸爸和孩子先拉好皮筋,从最底的脚踝处开始,我给他们做了示范,一共是两个8拍。我先站在两条皮筋的一侧,然后双脚跳起后用右脚脚尖在皮筋的中间点一下地,合为12拍,再次跳起后,右脚跨过两根皮筋在另一侧的地面用脚尖点一下,合为34拍,第三次跳起后用右脚的脚尖再在中间点一下,合为56拍,第四次跳起右脚脚尖回到原地点一下,合为78拍。之后,第五次用右脚继续在原地点一下,合为22拍,第六次用右脚从靠近右脚的一条皮筋下面穿过并在另一条皮筋的外侧点一下,合为34拍,第七次用右脚回到第一条皮筋的位置点一下,合为56拍,最后一次是在最先站立的位置跳起后再用右脚点一下,合为78拍。全部跳完后,第一级就算跳好了,然后就可以往上升了,到膝盖处。这个活动最难的是在跳的过程中要从一侧皮筋下穿过到另一侧皮筋下点一下,如果穿过但跨不过另一侧的皮筋,挑战就算失败了。在我的示范下,孩子和爸爸虽然动作不是很协调,但还是完成了第一高度的任务,

孩子表示会继续挑战下去。

2号家庭妈妈：

我们家有两个女儿，一个7岁，一个10岁，都特别喜欢跳皮筋，之前我们都是两个人拉着皮筋跳，这一次，我们想改变一下，小女儿就说，要不我们3个人拉皮筋，一个人一次跳三边的皮筋。具体的跳法是，双脚跳进三角形的圈内后，站在其中一条皮筋的边上，第一步，把右脚往右后跨过皮筋点地，同时左脚抬起，合为12拍，第二步，把右脚收回到原地再点地，同时左脚抬起，合为34拍，第三步，把右脚往右前方跨过皮筋点地，同时左脚抬起，合为56拍，第四步，把右脚又回到原地再点地，同时左脚抬起，合为78拍。这一侧皮筋跳好之后，然后和着节拍赶紧到三角形的另一侧皮筋处，按照同样的方法再跳一个8拍。在最后一侧的皮筋上也完成一个8拍的动作，这一个高度就算完成，可以升级。没想到，这个拉皮筋方式的改变，让两个孩子开心无比，因为活动的区域明显增加了，虽然有点辛苦，但是锻炼了她们的方向感。后来，两个孩子还想到了把爷爷奶奶也招募进来，还组成了一个五角星的形状，玩得不亦乐乎。

3号家庭妈妈：

我们家跳皮筋的规则是这样的，两个人负责拉皮筋，第一个人跳的时候，先双脚跳进两根皮筋的中间，然后双脚同时跳起，分别用左右脚踩住两根皮筋，这个时候，将两只脚同时往中间一合，让两只脚同时踩住两根皮筋，这时需要同时把两根皮筋放开，双脚同时跳到皮筋的一侧，完成动作后可以升级。如果皮筋已经升级到臀部，双脚跳起的时候不能踩住皮筋，可以用手帮忙把皮筋放到脚底，然后再用双脚往中间合起来，踩住皮筋。因为皮筋有弹性，所以哪怕把皮筋放到脚底，有时还不能全部踩住，如果没有全部踩住，或者有一条皮筋弹出来，都表示挑战失败，要换人跳。这种跳法最考验人的是能否有很好的弹跳力，因为跳进两条皮筋中间是玩下去的前提，如果没有跳进去，则代表这一次挑战失败了，后面的活动也就不能进行了。因为我们的孩子还比较小，有时平衡能力不是很强，所以会有家里的老人帮忙扶一下，便于完成动作，这样的帮助不算犯规，主要是让孩子去体验。

游戏提示

1. 此游戏适合8～12岁孩子的家庭。

2. 皮筋建议买弹性相对好一点的,这样便于把皮筋拉长了跳。如果周围有其他孩子也可以一起参与。

3. 在活动过程中,因为高度的增加,孩子会出现畏难情绪和焦虑心理,需要家长多鼓励,并做好安全保护工作。

家长感言

- 跳皮筋的活动在近一年中,我们几乎每周都要进行一次,这个活动时段也成了一家人最快乐的时光。看到女儿跳皮筋跳的满头大汗,虽然有点心疼,但是不知不觉中,感觉女儿的体质比之前要好了很多,感冒几乎不再有了。更值得可喜的是,女儿是10岁开始跳皮筋的,到了11岁的时候,她居然长高了5厘米,这个长高的速度令我惊讶,曾担心是不是早熟了,后来经过医院的检查,证明女儿是正常的长高,骨龄也是正常的。我想,跳皮筋的活动肯定会对孩子产生有利影响,因此,我觉得孩子需要这样的活动,不仅可以增强体质,而且可以促进家庭成员的和谐相处。

- 我家孩子通过与家长一起玩这个游戏后,学会了很多花式的跳法。她把皮筋带到了学校,并教会了很多孩子,很多女孩子都因此非常崇拜她,称她为"跳皮筋公主",她对此十分开心。那段时间,女儿不仅在跳皮筋上有了自信,在学习上也用心了很多,因为她觉得自己应该多方面优秀。没有想到,这个传统的活动让她不仅交到了朋友,也增强了她的自信心,真是一举两得。

- 通过这个游戏,让我看到了孩子身上的潜能。我家女儿身材不高,弹跳力也不好,但是她对自己的要求还是很高的。在活动中我们总想帮她一下,或者故意把皮筋放低了。但孩子知道后一定会让我们放到原来的高度,然后她通过不断尝试,哪怕失败了十次,她还是会第十一次去跳,只有最终通过了才肯罢休。从这一点上看,我们觉得特别欣慰,也觉得孩子确实潜力无限,只要我们给孩子以机会,相信孩子一定会超越自己的。

专家评析

"巧跳皮筋"是一个经典的传统游戏,深受人们的喜爱,过去女生们的书包中几乎都会放着橡皮筋。课余饭后,哪怕只有5分钟,也会跳上一会儿,然后下课后继续,它具有经济、简便、趣味性强等特点。把这个游戏运用到亲子活动中,可以帮助孩子体验传统游戏的乐趣,增加一些户外的健身活动。另外,家长们可以进行更多的创新,比如加入自编的儿歌,帮助孩子体会律动的美妙,同时根据皮筋的特点巧跳皮筋,进行花式的创新,并且让孩子将花式跳法教会身边的小朋友,通过这样的活动交流,能够帮助孩子提高人际交往的能力。

图书在版编目（CIP）数据

经典亲子游戏案例新编/杨敏毅,陈蔚著. —上海：上海科学普及出版社,2022.8
ISBN 978-7-5427-8245-8

Ⅰ.①经… Ⅱ.①杨…②陈… Ⅲ.①青少年—心理健康—健康教育 Ⅳ.①G444

中国版本图书馆CIP数据核字（2022）第129926号

策划统筹　蒋惠雍
责任编辑　何中辰
装帧设计　赵　斌
插画设计　赖玲珑

经典亲子游戏案例新编

杨敏毅　陈　蔚　著
上海科学普及出版社出版发行
（上海中山北路832号　邮政编码200070）
http://www.pspsh.com

各地新华书店经销　上海商务联西印刷有限公司印刷
开本 787×1092　1/16　印张 14.25　字数 252 000
2022年8月第1版　2022年8月第1次印刷

ISBN 978-7-5427-8245-8
定价：38.00元
本书如有缺页、错装或坏损等严重质量问题
请向工厂联系调换
联系电话：021-56135113